城镇化
国际城镇化

联合主编单位　江苏省住房和城乡建设厅
　　　　　　　　江苏省推进城镇化工作联席会议办公室
　　　　　　　　江苏省城市科学研究会
　　　　　　　　江苏省城镇化和城乡规划研究中心

中国建筑工业出版社

城镇化
国际城镇化 Urbanisation |城镇化思考者|

联合主编单位
江苏省住房和城乡建设厅
江苏省推进城镇化工作联席会议办公室
江苏省城市科学研究会
江苏省城镇化和城乡规划研究中心

学术支持单位
中国城市规划学会

编委会

名誉主任 何 权
主　任 周 岚
副主任 张 鑑　张 泉

顾问编委（按姓氏笔画排序）
王静霞　仇保兴　齐 康　吴良镛　邹德慈　郑时龄　周一星　崔功豪

编　委（按姓氏笔画排序）
王兴平　石 楠　叶南客　叶祖达　吕 斌　苏则民　杨保军　吴志强
吴唯佳　吴缚龙　邹 军　张玉鑫　张京祥　张庭伟　武廷海　周志龙
周牧之　赵 民　施卫良　施嘉泓　袁奇峰　顾朝林　唐 凯　董 卫
樊 杰

执行主编 陈小卉
编　辑 丁志刚　刘 剑　邵玉宁　何常清　许 景　孙华灿
　　　　　胡剑双　索 超　毕 波　庞慧冉
编辑助理 邵振琦　姚梓阳
责任编辑 陆新之　焦 扬　施佳明
责任校对 李欣慰　关 健
美术总监 杜 郡
美术编辑 王 珏　朱晓峰　王 茜　张 萌

与我们互动
投稿邮箱　Urbanisation@uupc.org.cn
电话/传真　025-8679 0800
地　址　南京市草场门大街88号11层江苏省城镇化和城乡规划研究中心
邮　编　210036
官方网站　www.uupc.org.cn
微信搜索　江苏省城镇化和城乡规划研究中心

图书在版编目（CIP）数据

城镇化——国际城镇化/《城镇化》编委会编.—北京：中国建筑工业出版社，2015.1
ISBN 978-7-112-17609-0
Ⅰ.①城…Ⅱ.①城…Ⅲ.①城市化-研究-中国Ⅳ.①F299.21
中国版本图书馆CIP数据核字（2014）第292284号
本辑相关地图审图号：GS（2014）5147号

城镇化——国际城镇化
《城镇化》编委会
中国建筑工业出版社出版、发行（北京西郊百万庄）
各地新华书店、建筑书店经销
江苏大晋文化传播有限公司设计排版
南京大贺彩色印刷有限公司印刷
开本：880×1230毫米 1/16 印张：8 字数：300千字
2014年12月第一版 2014年12月第一次印刷
定价：48.00元
ISBN 978-7-112-17609-0
（26817）

版权所有 翻印必究
如有印装质量问题，可寄本社退换
（邮政编码100037）

合作伙伴

能源基金会中国　城市中国计划
ENERGY FOUNDATION　URBAN CHINA INITIATIVE

清华大学建筑与城市研究所　南京大学　东南大学
INSTITUTE OF ARCHITECTURAL AND URBAN STUDIES　NANJING UNIVERSITY　SOUTHEAST UNIVERSITY

城镇化思考者
版权所有 翻印必究
All Rights Reserved by Urbanisation
微信二维码

声明
1.《城镇化》所发文章仅代表作者观点，不代表编委会或编辑部立场。
2. 在征得《城镇化》和作者许可后，欢迎转载《城镇化》文章。
3. 凡作者向《城镇化》投稿，一经采用，均视为作者已经许可《城镇化》使用该投稿作品的信息网络传播权，《城镇化》所支付稿酬中已包括许可使用该项权利的报酬。
4.《城镇化》转载作品，稿酬将寄付给作品所属编辑部或作者，若未收到，请及时联系我们。

卷首语

作为中国人，我们有幸身处这样的时代，中国以前所未有的速度快速向前，城镇化、工业化、信息化、农业现代化同步推进，引发中国经济、社会、政治、文化、生态等的深刻变革，并为专业人员带来许多有意义的研究命题。从来没有一个时代，赋予中国人这样的空间，让每个人都有机会成为行动者，去关注、记录、传播、推动国家的进步与变化。

在众多的命题中，城镇化既是当前社会关注的热点，更是重要的跨界学术命题。有专家断言，中国的城镇化和美国的高科技是影响 21 世纪国际的重要力量。对于具有数千年农耕文明历史的人口大国而言，中国城镇化这一命题显得更加错综复杂。西方发达国家较早完成了需要大量消耗能源资源的工业化、城市化过程，而中国等后发国家，城市化、工业化与全球化、信息化同时发生，一方面被迫承受发达国家发展所产生的环境后果，面临着气候变化、能源危机、粮食安全等诸多全球化的挑战；另一方面，也存在着信息化时代和生态文明时期的城镇化的独特机遇。因此，中国的城镇化注定无法复制西方现成的经验，必须找寻适合自身国情和时代特点的新型城镇化道路。

江苏有着悠久的农耕文明传统和丰富的历史文化遗存，是国家级历史文化名城（镇）最多的省份，也是当代中国经济最繁荣、城镇化发展最快的省份之一。2013 年底，江苏的城镇化率超过 64%，高出全国平均值十多个百分点。同时，江苏也是全国人口密度最高的省，人口密集、城镇密集、经济密集，资源环境约束大。如何在有限的环境容量下，走出一条可持续发展的城镇化道路，既是江苏必须面对的时代命题，也对人口高密度、资源紧约束的其他地区城镇化具有积极的借鉴意义。

为探索中国城镇化道路、记录中国城镇化进程、分享中国城镇化实践心得，江苏省住房和城乡建设厅、江苏省推进城镇化工作联席会议办公室、江苏省城市科学研究会、江苏省城镇化和城乡规划研究中心与中国建筑工业出版社联合创办了"城镇化"，旨在介绍国际城镇化趋势，讨论中国城镇化问题，同时为中国城镇化的研究者、实践者和关心者提供一个探讨问题、争鸣观点、分享心得的园地。

在首本专辑《国际城镇化》筹备阶段，"城镇化"获得了多方的鼓励和支持。国家最高科技奖获得者吴良镛院士鼓励我们，"在国家推进新型城镇化和城乡发展一体化的战略背景下，江苏作为经济先发地区应率先探索，在城乡人居环境改善方面有所作为"，并亲笔为"城镇化"题写书名，以激励吾辈。同时中国城市规划学会、清华大学、南京大学、东南大学、世界银行、能源基金会中国、城市中国计划等给予了大力支持，在此一并感谢他们。

面对城镇化这个博大的命题，我们深知水平知识有限。正因如此，我们期待搭建一个开放的学术交流平台，努力成为"城镇化思考者"发表多元观点的公共媒介，通过理论研讨、学术交流、观点碰撞和实践探索，共同为中国城镇化的伟大进程添砖加瓦、尽献绵薄之力。也期待您的关注和参与。

2014 年 10 月 8 日

目录
Contents

Cover Story — 封面故事

- **006** 国际城镇化
- **010** 美式治理
- **024** 高密度亚洲
- **036** 收缩欧洲
- **050** 拉美蝶变
- **060** 非洲崛起

——江苏省城镇化和城乡规划研究中心

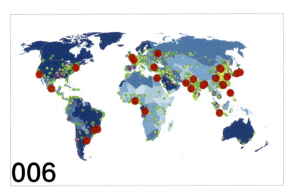

006 世界城镇化进程

International Perspectives — 国际视角

- **072** 中国：推进高效、包容、可持续的城镇化改革战略
  ——世界银行
- **076** 中国城市可持续发展之道
  ——城市中国计划
- **080** 可持续城市规划原则与实践
  ——能源基金会中国

085 两院院士吴良镛先生专访

Special Focus — 特别关注

- **085** 探索美好人居环境——京津冀区域空间发展破局之道
  ——两院院士吴良镛先生专访
- **093** 编制《京津冀城市群协同发展规划》的方法和原则
  ——仇保兴

Dialogue — 对话

- **098** 城镇化进程中的政府与市场
  ——对话英国伦敦大学吴缚龙教授

098 城镇化进程中的政府与市场

目录
Contents

105 户籍制度改革

108 中国的高速城镇化进程

Opinions — 声音

102	新型城镇化与跨越中等收入陷阱	张京祥
103	城镇化进程中保护农民土地权益的五点思考	杜志雄
104	利用市场化手段为流动人口提供可支付的健康住宅	叶裕民
105	国家户籍制度改革与市民化进程	

Columns — 专栏

106	用模块城市手法探索新型城镇化之路	周牧之
108	城镇化的实质与新型城镇化道路	武廷海
112	城市树木的经济效益：被众人遗忘了的资产	叶祖达

City Diary — 城记

114 《首都计划》昔与今

Frontier Observation — 观察

124 资讯·数字·前瞻·环球

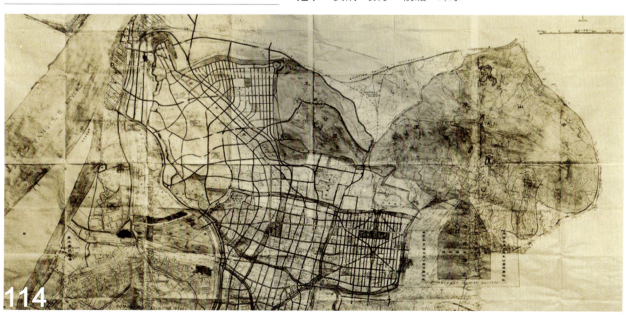
《首都计划》昔与今

城镇化是人类从农业社会向工业社会发展而产生的一种聚居方式变化现象，是一种社会经济的自然发展过程。工业化是城镇化发展的主要驱动力，工业革命开启了英国为中心的第一波城镇化浪潮；之后，殖民（移民）扩张、服务业发展、新技术应用、全球化、机动化、生态革命、信息化等都对城镇化发展产生了重要影响。也正因为所处历史背景不同，以及地域文化差异，各大洲城镇化模式各不相同："美式治理"聚焦城镇化高阶产物、全球经济新的竞争单元——巨型都市区；"高密度亚洲"探讨了人潮汹涌困境下的城镇化发展之道；"收缩欧洲"向当代全球城镇化的显学逻辑发起了挑战，暗示了一种增长与收缩并存的新的城镇化格局；"非洲崛起"聚焦从西方殖民统治时代到国际援助下的城镇化模式的改变，揭示了非洲城镇化再次吸引全球瞩目的原因；"拉美蝶变"聚焦过度城镇化影响下的贫民窟治理，记录一段崭新的城市变迁过程。

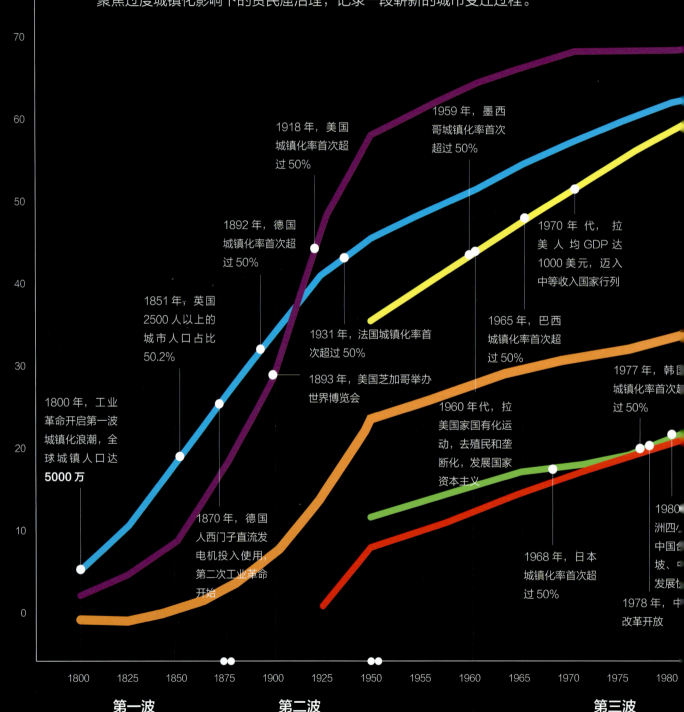

第一波城镇化浪潮　　第二波城镇化浪潮　　第三波城镇化浪潮

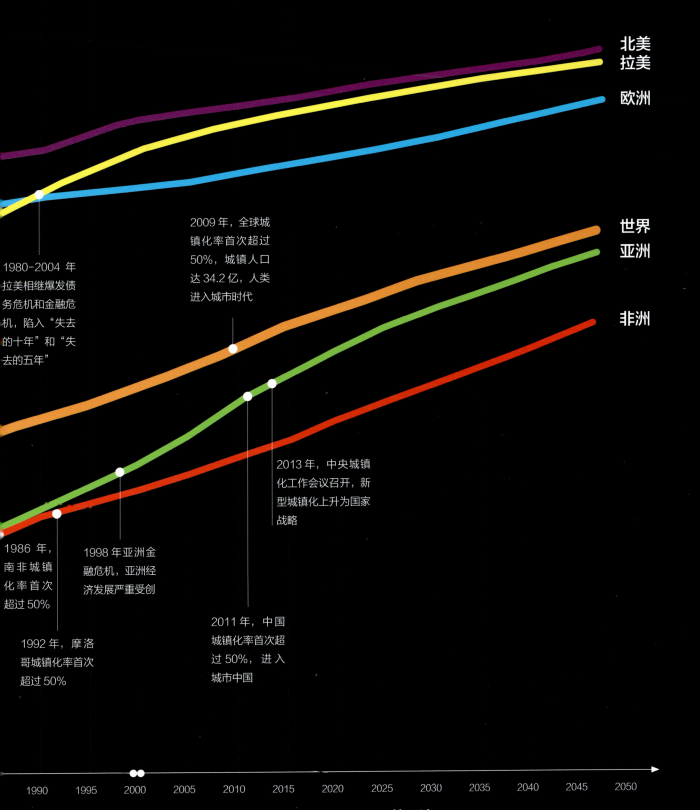

Cover Story | 封面故事

各大洲人口在不同等级城市分布情况（2014）

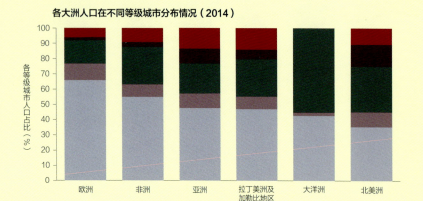

全球城镇人口及不同等级城市增长情况

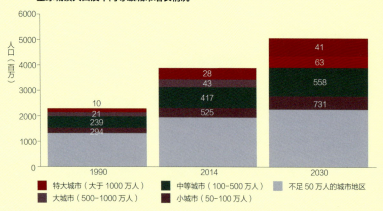

- 特大城市（大于1000万人）
- 中等城市（100-500万人）
- 不足50万人的城市地区
- 大城市（500-1000万人）
- 小城市（50-100万人）

各大洲城镇人口占全球城镇人口比例变化（1950-2050）

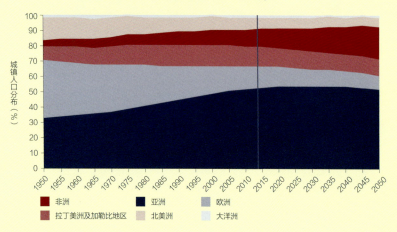

- 非洲
- 亚洲
- 欧洲
- 拉丁美洲及加勒比地区
- 北美洲
- 大洋洲

全球城镇人口比例变化（1900-2050）

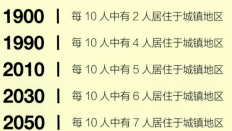

- 1900 | 每10人中有2人居住于城镇地区
- 1990 | 每10人中有4人居住于城镇地区
- 2010 | 每10人中有5人居住于城镇地区
- 2030 | 每10人中有6人居住于城镇地区
- 2050 | 每10人中有7人居住于城镇地区

各地城镇化率和50万人口以上城市分布示意图（2014）

全球城镇和乡村人口变化（1950-2050）

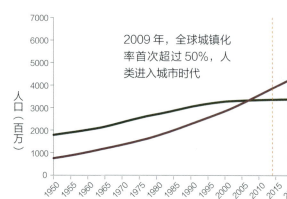

2009年，全球城镇化率首次超过50%，人类进入城市时代

封面故事 | Cover Story

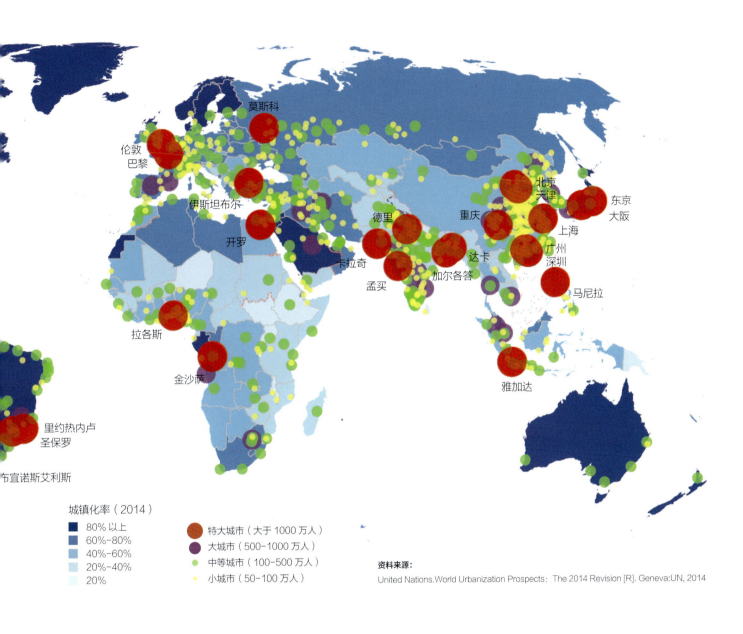

城镇化率（2014）
- 80% 以上
- 60%-80%
- 40%-60%
- 20%-40%
- 20%

- 特大城市（大于1000万人）
- 大城市（500-1000万人）
- 中等城市（100-500万人）
- 小城市（50-100万人）

资料来源：
United Nations. World Urbanization Prospects: The 2014 Revision [R]. Geneva:UN, 2014

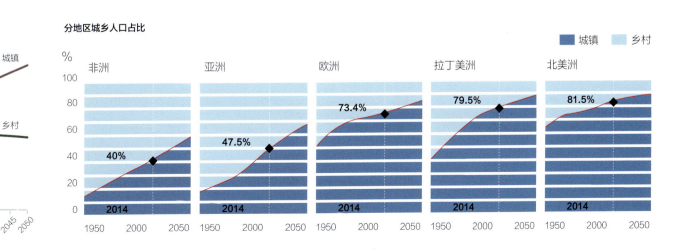

分地区城乡人口占比 — 城镇 / 乡村

非洲 40%（2014）｜亚洲 47.5%（2014）｜欧洲 73.4%（2014）｜拉丁美洲 79.5%（2014）｜北美洲 81.5%（2014）

美式治理
——"巨型都市区"的应对之策

□ 整理 索超

美国"2050战略"中确定了11个巨型都市区域,仅覆盖了31%的县和26%的国土面积,却囊括了全国74%的人口。

卡斯卡地亚
Cascadia
保护其独一无二的原生态环境,打造电影、音乐和绿色建筑的创意产业集群。

北加利福尼亚
Northern California
拥有高品质的生活,丰富的历史文化遗产和生态环境财富。

落基山脉山前地区
Front Range Megaregion
全美最小的巨型都市区,却是增长最快的巨型都市区之一。

德克萨斯三角地区
Texas Triangle
全美最大的10位城市中有三座位于德州,文化凝聚为大都市区之间的土地开发、交通和环境保护带来了合作潜力。

南加利福尼亚
Southern California
拥有全美最大的几座港口,积极推进基础设施建设,提高全球门户地位。

亚利桑那阳光走廊
Arizona Sun Corridor
最大的都市区菲尼克斯和图森处于沙漠地区,核心目标为改善沙漠景观开发。

资料来源:
Petra.America 2050:A Prospectus[M/OL].[2006-9-5] http://www.america2050.org/pdf/America2050prospectus.pdf

美国已有超过 80% 的人口集中在 366 个大都市区（Metropolitan）中，大都市区化在驱使着城郊不断向外蚕食、蔓延、扩张的同时，也如同一个巨大的漩涡，吸引着各类资源向其集聚。在可以预见的未来，以商品、人、资本等要素更加快捷流动为特征的、更为巨大的地理单元——"巨型都市区"（Megaregions），将成为全球经济新的竞争单位。

　　在这些"巨型都市区"中，交通拥堵、机场与海港超载、开放空间被侵占、基础设施老化等问题将会随着人口增长和贸易扩大而不断加剧，在如此庞大、复杂的巨系统中，单凭自上而下的政府管制，显然已无法解决其内部产生的所有问题。于是，巨型都市区的治理探索应运而生。

　　20 世纪早期，美国开启郊区化进程，大都市区逐渐形成，这一时期都市区的治理重点在于地方政府如何应对政治"碎化"。至 20 世纪中期，随着资源在更大尺度空间的流动和集中，美国出现区域间的崛起和衰落，治理层面向区域升级。而在迈入新世纪后，美国启动"2050 战略"，规划着眼于发展欠佳地区的振兴，从国家层面制定均衡导向的新经济发展战略。这三个部分在时间和空间上相互补充、相互印证，共同构成了一幅"美式治理"的完整画卷。

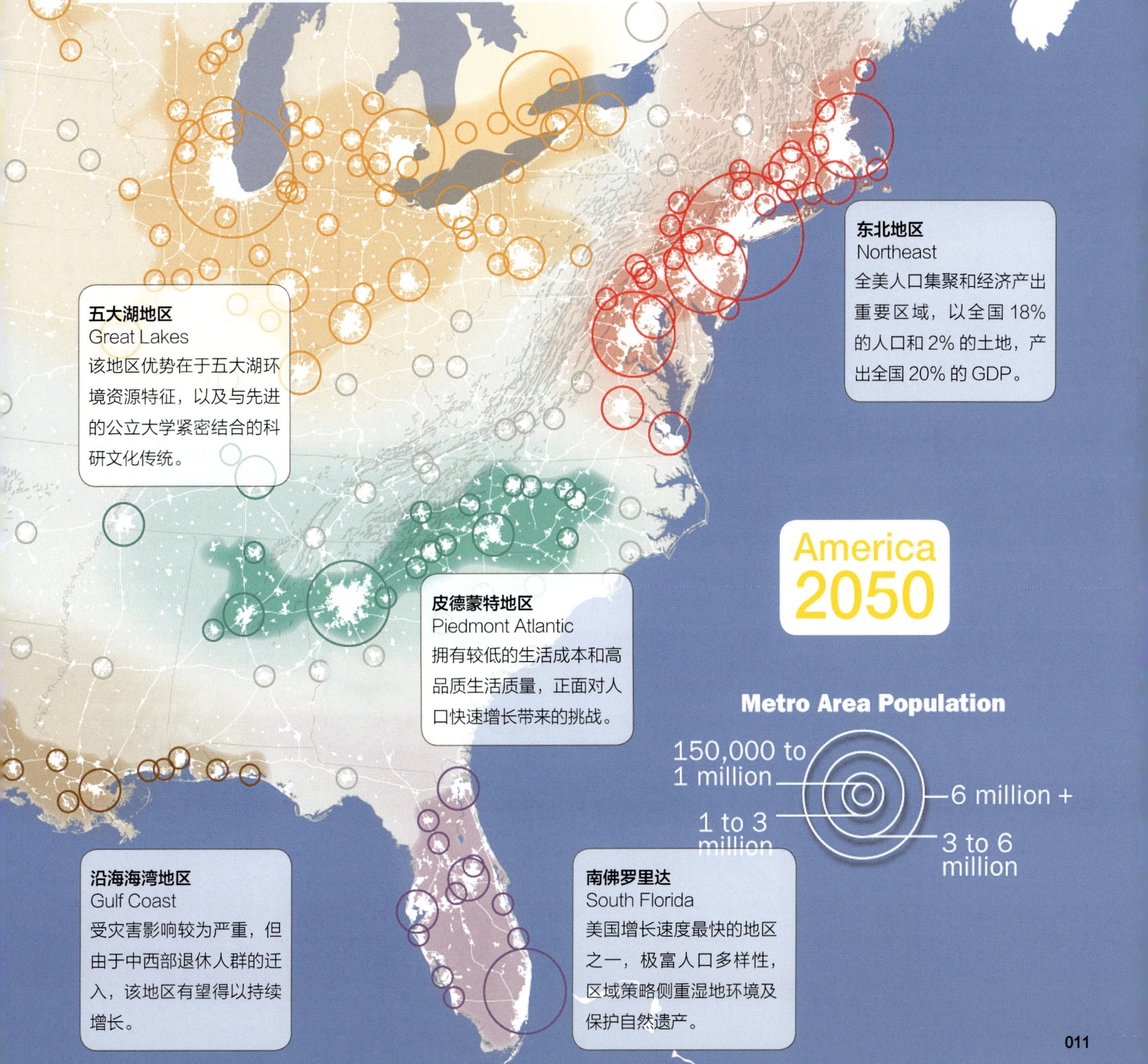

东北地区
Northeast
全美人口集聚和经济产出重要区域，以全国 18% 的人口和 2% 的土地，产出全国 20% 的 GDP。

五大湖地区
Great Lakes
该地区优势在于五大湖环境资源特征，以及与先进的公立大学紧密结合的科研文化传统。

皮德蒙特地区
Piedmont Atlantic
拥有较低的生活成本和高品质生活质量，正面对人口快速增长带来的挑战。

America 2050

Metro Area Population
150,000 to 1 million
1 to 3 million
3 to 6 million
6 million +

沿海海湾地区
Gulf Coast
受灾害影响较为严重，但由于中西部退休人群的迁入，该地区有望得以持续增长。

南佛罗里达
South Florida
美国增长速度最快的地区之一，极富人口多样性，区域策略侧重湿地环境及保护自然遗产。

011

© 2008 by Regional Plan Association

Cover Story | 封面故事

治理缘起：郊区化与政治"碎化"

美国现代意义上的郊区化始于20世纪早期，并自50年代起人口和产业重心更加快速地向郊区倾斜；80年代郊区与中心城市各据半壁江山；至90年代，美国已如《大西洋月刊》所描述的那样："已经是一个由郊区组成的国家"。

由此带来的城市用地空间蔓延、中心城市衰败、居住隔离、大都市区贫困等一系列问题使得政府治理迫在眉睫，但同时，在美国地方自治传统下，地方政府的碎片化现象又成为大都市区统筹治理、协调发展的桎梏。

郊区蔓延与中心城市衰落

20世纪50年代之后，郊区化在空间、政治、经济、社会等方面的全面转移，不但拉大了城郊之间的经济差距，还产生了交通和环境污染等一系列城市问题。

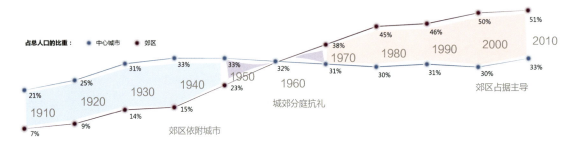

在过去的一个世纪中，大部分美国人口的增长出现在郊区，郊区在城郊关系演变中逐渐转化为主导地位

资料来源：
Frank H, Nicole S. Demographic Trends in the 20th Century: Census 2000 Special Reports[M/OL].U.S. Department of Commerce,Economics and Statistics Administration, U.S. Census Bureau, 2002. http://faculty.washington.edu/mbarreto/courses/Hobbs_Stoops2002.pdf

财政政策助推郊区发展

联邦政府通过财政支出，抑制了中心城市，推动了郊区的发展。

第二次世界大战期间，国防部因担心军工过于集中而易受敌方攻击，将国防工业迁往纽约、底特律、芝加哥、圣路易斯、达拉斯和洛杉矶等大城市的郊区。与此同时，国会在1944-1956年间先后三次颁布公路法，为各大都市郊区公路网的形成奠定了基础。这实际上是动用传统上属于中心城市的财富来帮助郊区的建设。

住房政策吸引人口郊区化

在新政时期，政府又做出两项有利于郊区化的决定：

一是通过再安置管理局，在全国建立3000多个模范郊区。虽然这一目标因多种原因而未能实现，但支持郊区化的思路却非常清楚。

二是1934年国会颁布全国住房法，成立了联邦住房管理局，鼓励银行向购房户发放低息贷款，该局提供抵押贷款保险。通过在主要大城市黑人和外来移民社区圈划禁区，拒绝向这些人口密集的市区的购房户提供抵押贷款担保，对人口郊区化起了推波助澜的作用。

（左图）斯特朗斯南方公园购物中心，位于俄亥俄州克利夫兰市郊区
Adrian Maties. Westfield Group to Sell Strongsville's SouthPark Mall[N/OL].MHN ONLINE[2012-4-29]. http://www.multihousingnews.com

（右图）圣诞大餐之前，在洛杉矶贫民窟附近的"午夜使命"庇护所外等待的人们
Melissa Pamer.Skid Row Mission Feeds Needy on Christmas Amid Spike in Meals Served[N/OL]. KTLA[2013-12-25]. http://ktla.com

封面故事 | Cover Story

城市更新未达目标

一是没有彻底解决贫困人口的住房问题。住房法案均以失败告终。在城市改造、公路建设、清除公有住房宅地、住房建设和其他计划的实施中，拆除的贫困人口住房数量远远大于各级政府为他们建造的住房数量。

二是没有从根本上遏止中心城市的衰落趋势。联邦政府对新建设施、企业和新房等实施减税政策。由于中心城市商业凋敝，投资商纷纷转向城外，刺激了郊区住房和经济的发展。此外，许多地方政府对于那些商业价值较大、但破败现象并不严重区域的居民实行强制性搬迁，造成许多人流离失所。

20世纪50年代以来联邦政府扩张性政策的挫败，重新增加了州与地方的改革责任。许多州和大都市区将目光集中到州政府和大都市区的地方政府，希望州政府积极介入，以应对贫困和其他区域性的问题。但地方政治"碎化"现象又制约了政府力量的发挥。

行政分割与政治"碎化"

在美国"地方自治"的传统政治文化背景下，郊区不断横向扩展的过程，就是市、镇和各种特别区等独立的行政区不断增多的过程。

在过去20年中美国平均每10年地方政府增加3000个。因此各大都市区内行政区划相当破碎。一方面，大都市区在经济、社会和生态上是一个有机的整体，密不可分，而另一方面，大都市区在美国仅是为了便于人口统计而划定的统计单位，不是一级行政区划，中心城市和郊区在行政上互不相属，各县、市都是平等而独立的政治实体。一个大都市区内往往有众多决策中心，包括正式的综合的政府单位（如县、市、镇等）和大量重叠的功能单一的特别区（如学区、水区、卫生区、公园区等）。不同行政区之间的合作往往非常困难，因为许多情况下存在利益冲突。这十分类似于欧洲巴尔干半岛上的众多小国，这种情况被美国有些学者称为大都市区政治"巴尔干化"。

大都市区内行政分割和政治上的"巴尔干化"，产生许多区域性的矛盾和问题，如服务质量与经济效益低下、区域规划方案难以实施、公共设施建设项目选址困难、工商业分布不合理性增大、城市用地蔓延无法控制等，从而影响了整个大都市区的发展潜力。

资料来源：
梁茂信. 当代美国大都市区中心城市的困境 [J]. 历史研究, 2001(6): 120-133

地理范围
州由县组成，县由市和专区组成
隶属关系
市、镇、专区等地方政府和县政府间不一定存在直接隶属关系，县和市都由州政府自上而下任命
资料来源：
洪世键. 大都市区治理：理论演进与运作模式 [M]. 南京：东南大学出版社, 2009 : 74-167

美国地方政府关系

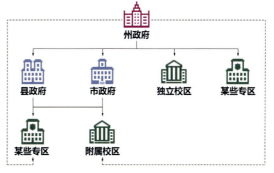

中美地方行政单元比较示意图

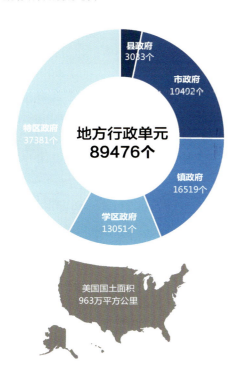

在相似的国土面积下，美国的地方行政单元比中国多出一倍

注：学区
各州可根据需要成立学区，负责经办中、小学教育。学区设有委员会，行使由州政府授予的管理权，委员由学区内的居民选举，并聘请1名学监主持日常工作
特区
一般是由各州议会决定成立的，用以完成其他政府机构难以处理的特别问题，如水供应、消防、土壤保持、交通与公用事业等

013

地方治理：集权与合作

全球化和信息化对大都市区同时存在"解构"和"重构"两种截然相反的力量，这一方面使中心城市和郊区的联系紧密，形成一个有机整体，另一方面也使得作为大都市区有机整体组成部分的中心城市和郊区之间的分割实际上更加严重。大都市区治理所要解决的，就是通过建立一套完善的组织结构和运作机制，协调这两股看似相悖的力量。

地方政府治理的运作模式

传统区域主义：大都市政府模式

大都市区的碎片化结构严重损害了解决区域性公共问题的能力，而日益增加的相互依赖性要求采取综合性、协调性规划与权威性行动，主张"一个大都市区、一个政府"。

这种模式不仅可以产生出统一的行动、更公平的公共服务、更强的区域公共治理能力，而且给公众带来了对更有效的政府进行控制的民主化福利，并且提高了选举或被任命官员的品质。

公共选择学派：市场竞争模式

大量自治的地方政府的存在创造了一个类似于市场的环境，在那里居民可以选择最适宜于自身偏好的税收、服务交易的行政辖区。并不需要改变大都市政府的分散化现状，而是通过建立一套完善的多中心特征的自我统治和民主行政的机制，来对大都市进行管理。

新区域主义：地方合作模式

是在大都市区形成的，以跨地方公共事务治理与协作网络为基础组合而成的治理制度。参与区域治理的主体力量来源于大都市区不同层次政府间、地方公民团体间或各地方政府与私人组织间形成的社会网络，它们组建成区域治理的协作性或合作性组织，采取多种形式来解决区域性公共问题。

1850 大都市政府模式

兼并
大都市地区中心城市兼并周围没有形成法人地位的地区，建立一个覆盖整个大都市地区范围的大都市政府，由这类政府采取行政集权，消除该区域原有地方政府的所有独立权限，实行统一的经济社会规划。

1980

专区
一般是由州议会或地方政府根据州法律授权，提供一项或有限几项数目的特定功能，拥有充分行政和财政自主的单独政府单位，通常被称为"行政区"、"管理局"、"委员会"。具备以下三个特征：作为有组织的单位而存在、政府特征和实质性的自治。

1990 地方合作模式

政府联席会
大都市地区制度化的跨政府合作的最新形式，它们是地方政府的自愿联合，不是具有独立权威的能制定法律或捆绑决策的政府，主要职能是对影响整个大都市地区的事务提出建议。

封面故事 | Cover Story

资料来源：
洪世键. 大都市区治理——理论演进与运作模式 [M]. 南京：东南大学出版社，2009

地方治理的典型实例

迈阿密：双层制大都市政府

迈阿密位于佛罗里达州南部的戴德县境内，迈阿密大都市区包含了佛罗里达南部的3个县（戴德、布罗沃德、门罗）。

第二次世界大战后城市急剧地向农村扩展，市县分治给双方政府带来沉重负担和设施建设、使用的不经济状况的日益加剧，对市县紧密合作的要求日趋强烈。在这种背景下，1957年迈阿密市和戴德县形成了双层制的大都市政府。

联邦制双层制政府体制并不是严格的区域、城镇政府等级隶属制，而是在两个层次之间有明晰的分权，更像是一种横向分权的管理体制。合并之后的迈阿密大都市地区政府领导机构由全体居民选出的9名理事组成，并且是双层制大都市政府的最高决策机构。在这种双层结构中，上层政府提供县域服务和对县域范围内所有市民进行调解，其资金来自整个大都市区范围的相关税收及那些非自治市地区的特别税；而下层政府承担了更具体的公共服务工作，为那些居住在未合并但保留一些市政层次服务的地区市民提供市政服务。此外，上层政府对道路、铁道、公共汽车、飞机场、港湾等区域性交通系统实施明确的一元化管理。

以迈阿密为代表的双层制结构体制使人们认识到了统一全地区所共有职能的必要性，而同时又希望能在地方性事务方面保存地方的和私人的经营与管理。由于它与大多数西方国家的行政管理体制及经济运行体制较为吻合，因而也受到西方学者的普遍推崇。

迈阿密大都市区

资料来源：
洪世键.大都市区治理：理论演进与运作模式[M].南京：东南大学出版社，2009：188-217

明尼阿波利斯—圣保罗：一个大都市政府的设计

明尼阿波利斯—圣保罗大都市区是指双子城大都市联席会管辖下的7个县。

1967年由州立法院授权建立了大都市区议会（MUC），管辖7个县。议会共有17个成员，由州长提名任命，一般一个城市一个代表，其基本职责包括四项：一、负责制定大都市发展指导，范围涵盖机场选址到垃圾收集，从整个郊区的低收入住房的分布到引导区域未来发展进入预先设定的地点；二、评估区域内地方政府的全面发展规划；三、监督和协调大都市委员会和专区政府，使得大都市行政区与大都市交通和机场政策相一致；四、评估联邦和州向地方政府、私人组织拨款及贷款担保项目的申请。

MUC成立之初，遵守其创立宗旨，以规划者的身份出现，工作针对性很强，工作方法民主，成功地处理了一系列困扰当时大都市区的实际事务，如决定垃圾填埋场、飞机场选址，挽救私人运输系统，规划空间用地，平衡城市边缘区的扩张和中心城市的衰落等，得到各方舆论的一致好评。

明尼阿波利斯—圣保罗大都市区

匹兹堡：公私合作伙伴关系

匹兹堡综合大都市统计区包括涵盖匹兹堡市的阿勒格尼县以及邻近的比弗、巴特勒、费耶特、华盛顿和威斯特摩兰县。

早在1943年匹兹堡大都市区的市民就自发形成了阿勒格尼社区发展会议，以推动政府进行"城市改良"。同年，来自匹兹堡市和阿勒格尼县的社团联合会又组建了烟雾控制联合理事会，以强化对环境污染的控制。经过60多年政府与公民的密切合作，匹兹堡大都市区环境污染得到根本控制，已成为美国最适宜居住的城市。建立于1983年的匹兹堡社区发展伙伴关系是美国最早建立的社区发展社团网络之一。它建立了一个社区发展社团之间的对等网络，以积极保留该地区的工业和中小型制造企业。

在匹兹堡的治理转型中，贯穿着公民社会力量的壮大以及政府与各种社会力量的持续性的合作。可以看出，政府的能力往往是有限的，城市要想快速发展，就必须放权于民，通过政府与公民社会的良性互动，达到社会治理的最佳状态。同时，地方政府也重视加强与市场组织的联系，及时将企业管理的理念和技术引入到城市治理中，如私有化、签约外包、特许经营权等。

匹兹堡大都市区

华盛顿：大都市政府联席会

华盛顿大都市区包括哥伦比亚特区（核心区）及马里兰州、弗吉尼亚州的15个县市，在美国大都市中人口规模排名第四。

1957年华盛顿大都市区域协商会建立，1962年更名为华盛顿大都市政府联席会（MWCOG），它的最高治理单位是协商会，该会议定期举办，代表来自每个成员政府单位。两次会议期间，政策通过一个执行理事会建立，而日常操作由一个执行秘书和官员开展。MWCOG的职能众多，从交通规划到环境保护，解决了许多公众关注的区域问题。它是一个没有执法权力，由县、市政府组成的自愿组织，但由于其较好解决了区域问题并为成员带来了实质的利益，因而是一个相对稳定的联合形式。

主要作用体现在以下两个方面：一是将联邦和州拨款分配给它的成员。MWCOG利用环境经费的分配权组织成员单位对波多马克河的治理，使污染物减少了90%。

二是为成员提供跨地区的服务。除一些区域性的社会、基础设施共同享用外，还为成员提供其组织的联合购买石油、天然气及其他公用设备，给成员节约了大量的费用。

华盛顿大都市区

> 对美国大都市区地方管治经验的借鉴，既不是简单通过行政区划调整或合并而"建立大都市政府"，也非仅仅是强调政府间竞争的"多中心管治"，而应该是实行多元化的管治机制和模式。美国大都市区各类不同的治理运作模式好比是一堆零部件，需要根据我们的任务和实际情况，进行"区别性组合"，搭建适宜的治理结构，而不是追求虚无缥缈的所谓"唯一正确的组织模式"。

资料来源：
洪世键.大都市区治理——理论演进与运作模式[M].南京：东南大学出版社，2009

Cover Story | 封面故事

区域治理：促进与振兴

经济全球化使得人才、资金等资源快速流动，一个地区的起落兴衰不仅受自身资源限制，更多受到外部环境和地域竞争的影响。没有一种发展途径可以一劳永逸，新兴地区崛起中伴随着阶段性的衰退，老工业区衰落的阴影之下又生长出复兴的萌芽。

所谓区域协调，并不仅是指功能互补、资源共享，更多的是为各区域提供相对公平的发展环境，使每个地区可以自由寻求发展机遇，提升城市竞争力。

冰雪带 第二次世界大战以后，美国区域经济结构日益发生根本性变化，制造业一直保持旺盛的增长态势的东北部和中西部进展迟缓、举步维艰、步入衰落之中，它们被新闻媒体冠之以"冰雪带"、"霜冻带"和"锈蚀带"等诸多称谓。至 20 世纪 80 年代，冰雪带已经是全美的问题中心，基础设施老化、经济停滞，工业萧条成为困扰中西部的棘手问题。

资料来源：
图片自绘

阳光带 "阳光带"的概念出现于 20 世纪 70 年代，泛指美国北纬 37 度以南的地带，其意为：西部和南部"日照充足，气候温和，适宜人类居住地带"，亦有"这一地带各行各业蓬勃发展，经济日趋繁荣"之含义。20 世纪四五十年代以来，阳光带经济发展、投资和城市人口增长一直保持全美领先，成为美国新崛起地带。

美国各州人口总量变化

资料来源：
U.S.Census Bureau.ApportionmentData[DB/OL].http://www.census.gov/2010census/data/

资源转移促进"阳光带"崛起

20世纪50年代,"阳光带"由全国经济发展的冷点变为热点,与美国联邦政府的扶持有密切关系。

军工资源投放

"二战"期间,美国作为世界反法西斯同盟的"军工厂",军事工业急剧膨胀,巨额联邦国防预算开支有70%投放于西部和南部。冷战期间,联邦政府制定长远规划,有计划地在西部、南部进行大型军事、国防、宇航方面的研究,同时,通过贷款和军事订货等方式,吸引了大批相关工业企业迁移,促使西部、南部地区产业结构发生了根本性的转变,制造业得到长足的发展。

科研机构集聚

在"阳光带"城市中,除集中于一些大公司的研究中心外,更多是以大学为单位形成的研究中心。在东南部各州中较有影响的是由北卡罗来纳大学、南卡罗来纳大学、杜克大学构成的"三角研究中心",西部的加州伯克利大学、斯坦福大学也已闻名遐迩,这些大学不仅从事科研项目和培养高科技工业所需的专门人才,而且吸引了大批外地青年前来求学,人口的年轻化、知识化,极大地提高了人口的素质。

财富资产转移

从20世纪60年代到70年代,美国年逾65岁的人口数量由1600万增长到2500万。这些退休人员离职后,多半迁往气候宜人、风光秀丽的"阳光带"城市安度晚年。他们在"冰雪带"劳作大半生所得的钱财随着他们到"阳光带",转瞬之间成了那里的财源之一,这是不止一次的空前的财富大转移。

此外,"阳光带"能源费用低廉、劳动力价格合理、人口密度不高、污染较少、税收负担轻等对人们都有相当大的吸引力,而这些恰恰是东北部和中西部比较欠缺的,相形之下,人口和资本必然向"阳光带"移动。

资料来源:
王旭. 美国城市发展模式:从城市化到大都市区化[M].
北京:清华大学出版社,2006:276-281

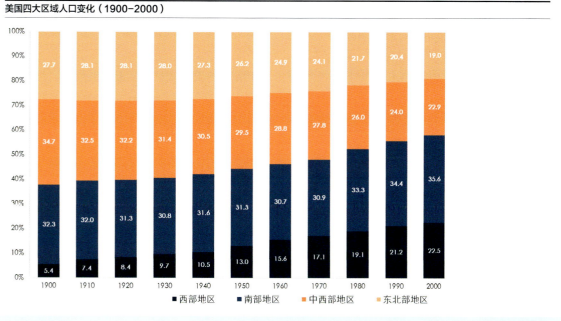

美国四大区域人口变化(1900-2000)

资料来源:
U.S. Census Bureau

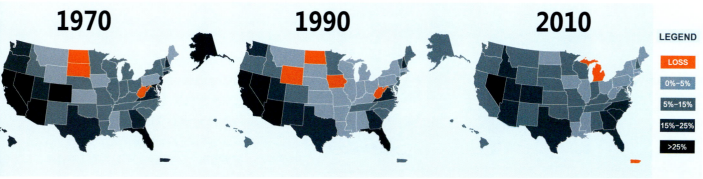

更新改造推动"冰雪带"复兴

区域经济发展并不是一个弈和游戏,"阳光带"的兴起并不会必然伴随着"冰雪带"的衰退。事实上,"冰雪带"经济在消沉的同时,也经历了一番更新改造,正在走出低谷,到目前已形成越来越明显的趋势。

东北部——技术带动及服务业发展

美国东北部在其传统工业不断萎缩、严重衰退的同时,也经历了更深层次的、后工业化产业结构的转型。一方面,东北部高科技产业迅速崛起,虽然尚未扭转制造业持续下滑的整体趋势,但已成为该地区制造业发展的重要推动力。同时,服务业产生了长足进展,东北部的服务业就业人数大幅攀升,占该地区总就业人数的比重呈持续上升之势,构成战后东北部产业结构转型的另一主要内容。

不难发现,第二次世界大战后,美国东北部的经济结构发生了根本性的变化。传统工业的主导地位被高科技产业和以生产服务业为龙头的服务业所替代,是战后东北部经济转型的基本内容。种种迹象表明,东北部产业结构的转型为当地经济发展带来了转机,但从人口增长速度等指标看,该地区仍落后于西部和南部。这是因为东北部很早就成为美国经济的核心区,吸纳了大量人口,人口密度明显高于其他地区。所以在其经济结构调整过程中,所释放出的人口大量流向人口密度较低的西部和南部。在某种意义上,这是人口在全国范围内逐步达到均衡的表现,而非东北部经济结构的缺陷。

资料来源:
王旭.美国城市发展模式:从城市化到大都市区化[M].北京:清华大学出版社,2006:442-449

随着钢铁工业的衰败,1970年后匹兹堡逐渐没落,30年来城市人口流失一半。但该市借助高科技、生物技术、医疗保健、教育等产业,实现了经济的多元化转型

资料来源:
维基百科.http://en.wikipedia.org/wiki/File:Pittsburgh_Skyline.JPG

中西部——产业复兴与专业化发展

由于美国中西部是最典型的重工业区,它的转型更加引人注目。中西部于20世纪80年代中期到90年代中期经历了深层次的产业结构转型,重新强化了在美国区域经济中的优势地位。

中西部经济复兴主要是由其主导产业——制造业和农业带动的。从1977到1983年,中西部在全国制造业所占份额下降了2.5个百分点。1983年以来增长了2个百分点,进入20世纪90年代经济增长速度加快。汽车、钢铁等制造业重新集中到中西部。农业地区则通过食品生产工业的复兴、特别是制造业,促成人口增长和人口由净移出到净迁入的转化。

在复兴过程中,许多中西部大都市区都成功地由制造业中心转变为服务业中心;各类大都市区在生产服务业方面渐趋专业化,这些生产服务业包括管理咨询、广告、会计、商务、法律以及贸易、旅游、财政服务等。中西部大都市区不仅大量集中了此类工业,而且在某些专业化服务业已居主导地位,如印第安纳波利斯成为体育旅游中心,阿普尔顿—奥什克什为会务旅游中心,皮奥里亚为健康服务和保健中心,印第安纳波利斯为空运与维修中心,得梅因市为财政服务和保险中心,底特律为汽车业研发中心,芝加哥为会展中心。

全美最大的会展中心——芝加哥麦考密克(McCormick Place)会展中心

资料来源:
余昌国.美国行之三十三—全球最大的会展中心[Z/OL].[2012-07-16] http://chgyu1968.blog.163.com/blog/

封面故事 | Cover Story

国家治理：极化与均衡

不论是巨型都市区的形成与发展，还是阳光带、冰雪带的崛起与复兴，都在不断推动着美国区域发展的"极化"加剧。这种资源的集聚无疑使得极化地区获得更高的增长效率，但却在一定程度上减少了其他地区的发展机会。

自 2000 年以来，美国开始从国家战略层面关注各区域发展的相对均衡性，美国 2050 战略在整个国土范围内划分出"发展欠佳地区"，并发布了针对这些区域的新发展战略。

"发展欠佳地区"划分

研究对象包括两个层面："发展欠佳县"和"发展欠佳都市区"。

"发展欠佳县"又被称为"白色空间"，是指除了 11 个大都市区外，拥有 75% 的土地面积却仅包括 25% 人口的县。通过以下四个标准来评价确定，以便于其增长战略能够针对现实地理空间。

> 1. 1970-2006 年的人口变动情况；
> 2. 1970-2006 年就业人数变化情况；
> 3. 1970-2006 年的工资变化；
> 4. 2006 年的平均工资。

在以上指标中至少三个排名位于倒数前三的县被定义为"发展欠佳县"。

"发展欠佳都市区"是在不少于五万人口的都市地带中通过指标评价得出，采用的指标与以上指标相同。

这样的划分可以帮助发展欠佳的两类区域争取联邦计划，以促进区域经济发展。国家经济发展战略除了需要满足发展较好地区的基础设施和经济活动需求，也不能绕过发展欠佳地区国民经济的发展。其措施包括提高大都市区中心和周围郊区、农村及边疆地区的交通联系，以便居民能够参与全球经济。农村地区则需要提供基于地方经济发展的激励机制，使居民不会被其他地方的就业机会吸引离开。

美国 2050 战略所划分的"发展欠佳县"分布

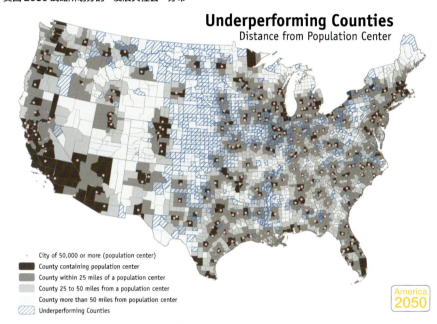

美国 2050 战略所划分的"发展欠佳都市区"分布

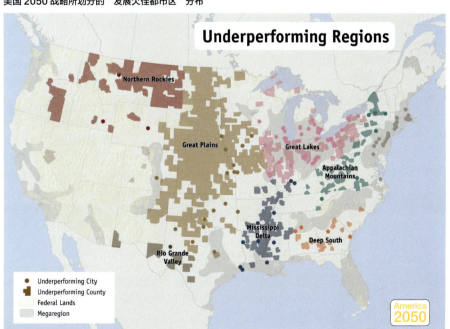

资料来源：

Petra. New Strategies for Regional Economic Development[M/OL].[2009-10-17] http://www.america2050.org/upload/2009/10Regional_Economic_Development_2009.pdf

"均衡"导向的新经济发展战略

研究回顾了美国经济转型的政策和振兴地区经济发展的传统手段，在参考欧洲已有先例的基础上，设计构建了一套相当于"欧洲结构基金"的"美国地方发展基金"，以此促进发展欠佳地区的经济发展战略的实现。基金的运作与投放必须具有针对性，满足地区个性化的需求，并对农业地区、城市地区分别制定相应策略。以下重点介绍针对"发展欠佳都市区"即老工业区的振兴策略。

经济与人口战略

人口增长 美国到2050年将新增1.4亿的新居民，创造两倍甚至三倍的国内生产总值。其面临的最大挑战是"重塑"发展欠佳的地区，以吸引新的美国人和经济活动的平均分布。

移民 发展欠佳地区需要从外部吸引新的人口进入。包容和接纳多样性是非常重要的，以吸引有不同的文化和生活方式的创意人群。

技术工人 城市与区域经济发展目标是建立一个创新、创业型的经济转型区。而这建立在具有创新、创业精神的劳动力基础上，成功的地方能够吸引和留住这些人，其关键在于生活质量营造。

网络 构建企业家和风险投资家的非正式网络平台有助于培养创意人才，并形成新企业的基本思想和技术。一些地区均采用了"开放式网络"的经济发展战略，而非传统的"自上而下"的模式。

教育 世界一流的高等教育、艺术、文化和医疗机构在吸引和帮助留住创意人才中起着关键作用。"教育与医疗"也是许多发展欠佳的城市和地区中主要的就业岗位所在。

地区战略

自我形象 转变表现不佳的地方的第一步就是提升地方的自我形象，将公众绝望和消极的情绪转化为对城市的自信和对未来的希望。为了实现这一转变，需要强有力的领导力，构建良好的计划，并随时展现出积极转变的事实。

发掘优势 大部分老工业地区都拥有大量的产业、技术和技术工人。发展欠佳地区可以依靠这些优势维持目前的产业，同时努力创造新企业。

生活质量 通过城市更新和场所营造，提高居民的生活质量，包括重新绿化废弃的工业用地，并建立城市和地区的公园和绿道等。城市和区域再生成功的关键在于识别、保护和重建每个地方固有且独一无二的历史空间。

城市复兴 城市的中心犹如社区和地区的"脸孔"。如果这些地区破旧、脏乱、不安全，不但会削弱公民尊严和当地居民的自我形象，也会产生排斥新移民的负面影响。振兴城市的中心可以在重建生活质量欠佳的地区发挥关键作用。中心区包含着文化机构、城市住房，恢复的历史建筑和地区的公共空间，以及能够吸引和留住创意人才的边缘空间。

封面故事 | Cover Story

规划与管理战略

规划 成功的计划需要拥有一个大胆的和令人信服的愿景，政策方针和投资计划有助于实现这一愿景。近期行动计划可使得规划愿景更加真实、直接、可信。

联邦角色 联邦政府应支持和激励"表现不佳地区"的发展。该计划应包括对基础设施有针对性的投资、工业用地复垦、振兴市中心、城市重新绿化、更先进的教育和医疗机构及对高铁等交通改善的支持。

区域作用 成功的城市战略需要嵌入设计，以减少城市扩张，并聚焦于城市中心区的住房和就业计划。

持续的承诺 对表现不佳地区的改造不能操之过急。对经济处于下滑趋势已达十几年地区的改造，常常需要几年、甚至几十年的团结协作和辛勤工作。这需要各级领导人在联邦、州和地方一级采取一致的、持续的策略。

协作 领导力可以来自政府、企业和劳工、公民或慈善机构。所有这些部门需要紧密合作、制定和实施恢复策略，主要地区官员（市长，县长高管和省长）的领导是必不可少的。建立多样性的社区领袖联盟，是其得以长期存在并拥有持续改造力度的关键。改造部门之间的关系，例如建立企业和劳工之间的新的合作关系，可以为当地的发展和区域经济提供增长和更新的基础。

基础设施战略

棕地 联邦政府应与各州和城市合作，共同建立一个关于工业用地改造和自然资源恢复的巨型项目。成百上千亩影响市容和危害市民健康的棕地，可能会投入新的生产使用，也可能成为新的城市公园的核心，在失去三分之一或更多人口和就业岗位的城市中被保留下来。

交通 通过改善交通，可以将发展欠佳地区成功地链接入周边较为成功的大都市区，与更大的地区的住房和就业市场相联系。在欧洲和亚洲，新的高速铁路网络被用来将边缘地区与发达城市、大都市区相连。"美国2050"中规划了一套包括铁路、公交和道路改善方式的新美国客运网络，该网络包括建设新的高铁和其他改进的铁路和巴士服务，将提升发展欠佳城市、农村和工业地区的联系。

精明增长 城市和地区都需要重新设计，包括人行道、自行车道、公交和密集的混合使用中心。

资料来源：

Petra. New Strategies for Regional Economic Development[M/OL]. [2009-10-17] http://www.america2050.org/upload/2009/10/Regional_Economic_Development_2009.pdf

高密度亚洲

□ 整理 胡剑双

由于人多地少等客观原因，亚洲城镇化表现出高密度的发展特征。然而高密度让人联想到的是高楼林立、空间拥挤、交通拥堵，难道说高密度成了都市噩梦？以往对于高密度城市的探索大多集中于"高、大、上"，高层建筑、大马路、大广场和空中城市，但过于强调增加建筑高度和提升开发强度的模式，而忽视了空间利用的做法，易使城市陷入高密度的发展困局之中。

其实，高密度在合理的空间组织下，体现出来的是更高的效率，如通过良好的混合用地设计、建筑多功能、高密度中心区与城市公园相结合等，可营造出多样化的城市空间；通过减少小汽车，增加公共交通投入，而使得整个城市的交通效率增加；为高密度的人口聚落提供能源、基础设施显得更加有效率；通过良好的城市微气候改善、通风廊道设计和低冲击管理等方式，可有效改善城市热岛和雾霾等问题。

总之，高密度是亚洲城镇化发展的必然趋势，不容回避，唯有采取积极有效的手段去重新认识城市，从感觉密度的角度去塑造空间，寻找在人口高密度的城市中营造宜居城市的路径，令城市发展更加集约和高效，最终建设出更美好的城市！

认识亚洲：亚洲城镇化的四大特征

规模大：人口总量大

当前，世界人口过亿的国家有12个，其中亚洲占了7个，分别为中国、印度、日本、巴基斯坦、孟加拉国、菲律宾和印度尼西亚。庞大的人口规模给亚洲城镇化带来了很大的困扰，不可避免引发就业、居住、教育、医疗、资源和环境等一系列问题。

速度快：创造全球奇迹

从"二战"后到20世纪80年代之前，亚洲城镇化进程一直处于缓慢发展状态，多数发展中国家仍处于工业化启动阶段，有的甚至还没有做好进入工业化起步阶段的准备工作。这时期亚洲工业化快速推进的经济体主要是日本和亚洲四小龙。日本在20世纪80年代左右城镇化水平已经达到70%以上，其快速扩张的阶段伴随工业化任务的完成而暂告一个段落。韩国则已经接近扩张的尾声，而香港和新加坡在经历短暂的人口迁移之后，迅速达到高度的城镇化水平。

进入20世纪80年代，包括中国在内的亚洲发展中国家也开始加入城镇化的快速扩张行列，到目前为止这一阶段还没有完全结束。根据亚洲开发银行的估计，自1950年以来，亚洲有14亿人口迁移到城市生活，其中5.37亿人口是在1950-1985年间新转移到城市的，而1985-2000年约有4.65亿人口转移到城市中，2000-2020年将约有8.22亿人口新增到城市中。大体而言，1980-2010年间，亚洲城市新增约10亿人口，这一数字超过世界其他地区新增人口总和，预计到2040年，将再有10亿人口转入城市生活。

与世界其他地区比较，亚洲人口城镇化速度快，亚洲城市人口占全部人口的比重从10%上升到50%大约用了95年时间，其中中国该比重的提升过程只用了61年，印度尼西亚用了65年，而欧洲大约花去150年时间，北美则是105年，拉美更长一些，用了210年的时间。尽管近30年是亚洲城镇化快速推进和扩容的时期，但是亚洲城镇化目标还远未完成。2010年，亚洲城市人口仅占全部人口的43%，而世界平均水平是52%。到2050年，亚洲城镇化水平预计达到63%，但仍低于世界67%的平均水平。

多样化：城镇化六种模式

东亚：高密度城镇化的典型代表

东亚包括中国、朝鲜、韩国、日本及蒙古。从1950年到2011年，东亚地区城镇化率由17.8%迅速提高到55.6%，平均每年提高0.62个百分点，而同期世界城镇化率年均提高幅度仅为0.37个百分点。其中，日本、韩国和中国是高密度城镇化发展的典型代表。如日本采取高度集中型城镇化模式，人口、产业和城镇高度集中在东京、大阪和名古屋三大都市圈。蒙古经济落后，城市缺乏产业和设施支撑，大量牧民自发地盲目涌入城市，形成畸形的过度城镇化。朝鲜则长期奉行高度集中的中央集权式计划经济体制，实行严格的户籍制度，呈现出政府干预下的人口二元模式。

东南亚：工业化推动的首都一极化城镇化

东南亚包括中南半岛以及在南中国海和太平洋里的岛屿，主要包括越南、老挝、柬埔寨、泰国、缅甸、菲律宾、马来西亚、新加坡、文莱、印度尼西亚和东帝汶。当前，就城市人口占总人口的比重而言，东南亚的

全球人口规模过亿国家

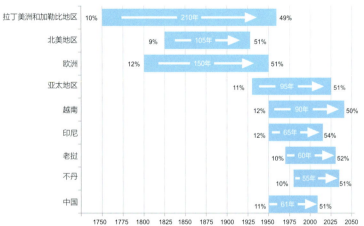

资料来源：
人民网．http://world.people.com.cn.2014-08-14

各地区及部分亚洲国家城镇化水平从10%发展到50%历经的年数

亚洲城镇化进程相当快速，例如中国城镇化水平在61年内从11%上升至51%，而拉美用了210年，欧洲用了150年，北美用了105年

资料来源：参考文献[6]

城镇化水平还相对较低，但是首都一极化的现象比较突出，菲律宾的马尼拉、印度尼西亚的雅加达和泰国的曼谷都占据了该国的主要资源。如马尼拉市城市人口占菲律宾城市人口的30%以上，不仅如此，还集中了全国25%的高等院校和新闻单位，国内生产总值的50%以上和工业产值的75%，全国制造业的50%以上，消耗的电力占全国发电量的90%。

南亚：人口爆炸的城乡混杂型过度城镇化

南亚是指印度半岛以及印度洋一带的国家及地区。包括印度、不丹、尼泊尔、孟加拉国、巴基斯坦以及印度洋的斯里兰卡及马尔代夫。以印度为代表的南亚国家城镇化的基本特征是人口爆炸，由此导致大都市及其周边的城镇和村落形成连绵不断的空间集聚形态，尽管在空间上具有城市的形态特征，但在经济、社会和制度等方面都显现出乡村性。由于经济发展速度无法支撑人口爆炸带来的各种压力，南亚国家的城乡连绵区域普遍存在就业岗位不足、基础设施落后、公共设施匮乏和生活环境恶化系列问题，呈现出过度城镇化的特征。

西亚：资源主导下的城镇化模式

西亚包括阿富汗、伊朗、伊拉克、科威特、格鲁吉亚、亚美尼亚、阿塞拜疆、土耳其、卡塔尔、巴林、阿拉伯联合酋长国、沙特阿拉伯、也门、阿曼、叙利亚、黎巴嫩、约旦、以色列、塞浦路斯和北塞浦路斯土耳其共和国等政治实体。西亚地区气候环境恶劣，缺乏水源，只有集中在城市中生活环境才稍适合生存。西亚的城镇化与石油经济的发展密切相关，随着大量石油的发现和开采，"石油美元"滚滚而来，石油富国用石油收入大量进口农副产品，使国内农业衰退，城乡差别加大，农民纷纷弃农进城，城市人口急剧增长，大量的人口涌入也出现了一些过度城镇化所带来的问题。

中亚：环境约束下的低速城镇化

中亚包括哈萨克斯坦、吉尔吉斯斯坦、塔吉克斯坦、乌兹别克斯坦和土库曼斯坦5个国家。中亚从里海到天山山地之间分布有大面积的荒漠、半荒漠和草原，最大的卡拉库姆沙漠与克孜勒库姆沙漠也分布在其中，如哈萨克斯坦荒漠和半荒漠占领土面积的60%，乌兹别克斯坦国土面积的3/4是草地、沙漠及半沙漠。因此，中亚城镇化呈现出城镇化发展慢、水平相对较低，内部差距悬殊，地区人口分布极不均匀、人口密度低等特征。

北亚：政府主导的重工业引导型城镇化

北亚指俄罗斯的亚洲部分。苏联在计划经济体制下开始了工业化进程，城镇化随之全面展开。随着大批工业企业，特别是重工业企业的建成投产，既推动了所在城市的建设，又吸收了大量农村劳动力和人口进入城市，推动了城镇化进程。冷战以来，俄罗斯城镇化水平在超过60%以后速度逐渐放缓。但是农业和轻工业的滞后也始终影响着俄罗斯经济的健康发展和城镇人民生活水平的提高，而且苏联在严格的计划经济体制下，通过自上而下的政策实现城镇化，城乡"二元结构"特征显著。

高密度：人口和建筑密度大

亚洲城镇化的重要特征是呈现出高密度发展的趋势，主要体现在城市集聚了大量的人口，人口密度大，以及由此带来的建筑密度大。

亚洲城镇化模式分区

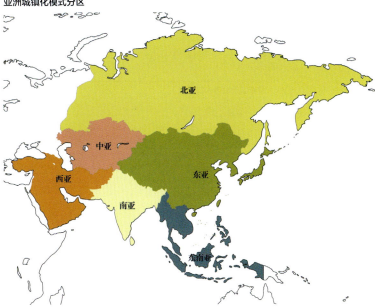

从国际法和习惯上来说，俄罗斯是欧洲国家。但由于俄罗斯地跨亚欧大陆，四分之三的领土在亚洲，并且从亚洲常用的地理分区上来看，俄罗斯的亚洲部分也被认为是北亚地区，在城镇化模式上既有与亚洲相似之处，也具有其独特之处，所以将其纳入研究

资料来源：图片自绘

人潮汹涌：亚洲城镇化的困局

亚洲高密度的形体密度表征

城市人口密度高：全球城市人口总量前十名7个位于亚洲，分别为东京、德里、孟买、上海、加尔各答、达卡和卡拉奇。另如香港的土地总面积约1092平方公里，其中建成区面积仅220平方公里，却集中了近650万常住人口，人口密度高达29400人/平方公里，最为拥挤的九龙地区人口密度更是达到了43000人/平方公里，是世界上人口密度最高的地区之一。

城市中心区的容积率高：亚洲许多城市的中心区建设密度非常高，如上海、香港、新加坡、北京和雅加达等城市中心区呈现出"高楼林立"的现象，尤其是香港的铜锣湾地区容积率更是超过了10。

城市建筑密度高：为了解决人融入城市的居住需求，亚洲许多地区出现了城乡混杂的现象，如东南亚和印度的贫民窟、中国的城中村等，这些地区的建筑密度极高，公共空间狭小，是不良的高密度城市形象。

亚洲形成高密度的原因

人口稠密与土地资源短缺：亚洲可用于城市建设的人均用地数量较少，是造成亚洲高密度发展的主要原因，如韩国现在有5000万人口，而这个国家的领土可用的比例约占30%。

人口移动呈现大规模单向涌入城市：与欧美的城镇化历程不同的是，由于城乡间的贫富差距和要素禀赋差异与基础设施投资的不均衡，在亚洲发展中国家，穷人进城者众，富人下乡者少。

劳动密集型为主导的工业化：由于全球化的影响，亚洲长期被锁定在劳动密集型的工业化推动城镇化的进程当中，城市对劳动力的需求导致大量劳工涌入城市。

传统的文化影响：千百年来钟情于繁华市井风俗的华人社会，其社区在现代高密度特征和拥挤文化背景下，仍然保持高度融合性和交流需求。

世界部分城市人口密度

资料来源：
Asian Development Bank. Inter-American Development Bank. Sustainable urbanization in Asia and Latin-America[Z]. Mandaluyong City, Philippines: Asian Development Bank, 2014

世界部分城市中心区建设强度

资料来源：
陈可石，崔翀. 高密度城市中心区空间设计研究：香港铜锣湾商业中心与维多利亚公园的互补模式 [J]. 现代城市研究, 2011 (8)

封面故事 | Cover Story

高密度是城市的唯一选择吗？

从城市开发强度来看，城镇化发展模式可分为低密度、中密度和高密度三种模式。

北美低密度代表：北美早期的城镇化发展被认为是低密度蔓延的典型，其市中心密集耸立的高层群和郊区无边无际的中产阶级住宅区，是大、中城市最常见的形态，如1990年美国人拥有的住宅中有85.5%是独立式住宅。

美国洛杉矶低密度蔓延郊区

德国柏林中密度发展模式

欧洲中密度代表：由于城市肌理的延续性，欧洲的部分城市被认为是中等密度发展的典范，除了伦敦、巴黎等若干特大城市以外，大部分欧洲城市基本保持着中等密度的发展模式，其特征主要是利用多层建筑形成围合的半私密空间，密度较高的道路网络，相对较窄的道路断面，多样化的城市公共空间等。

亚洲高密度代表：亚洲被认为是高密度发展的代表，其中不乏成功的案例，如香港、新加坡、东京和首尔等城市，如在韩国首尔，90%以上的人口是住在公寓里面。同样也出现了建筑密度过高所带来的高密度困局，包括德里、达卡、卡拉奇等城市。

高密度亚洲城市肌理

资料来源：
百度地图. http://ditu.baidu.com 2014-09-30

形体密度

形体密度是人对高密度的直观理解，是在一个设定的地理单元内，人或建筑物的集中程度的定量描述。

形体密度由人口密度和建设密度予以衡量。

人口密度分为区域密度和居住密度：区域密度是人口与区域土地面积之比；居住密度是人口和居住区面积之比。

建设密度分为建筑密度和容积率：建筑密度是建筑物的基底面积总和与总用地面积的比例；容积率是建筑物总建筑面积和总用地面积比例。

感觉密度

感觉密度才是高密度的真实感受，强调对一个地区的人数、有效空间和布局的感觉和估计，是主观的。感觉密度不仅仅涉及了个人和空间之间的相对关系，也涉及在这个空间中人与人之间的相对关系，因此，感觉密度分为空间密度和社会密度。过分以定量方式强调高密度会引起严重的环境和社会后果，密度要与其他条件和方式配合起来，如混合使用、建筑形式和设计、公共空间的布局等。

高密度之辩：灵丹妙药或罪魁祸首

城市从一开始就应该是高密度的。正是高密度的存在，城市才称其为城市。高密度是城市的本质属性，同时也是它终极的形态目的，可以说，高密度是城市的一种宿命。但是，人们对高密度开发的态度呈现多样性，有些人承认高密度的原则，倡导紧凑型城市发展模式，而另外一些人则强烈反对高密度开发。高密度从来都不是城市的问题。然而与之相悖的是，在城市发展史的现实情境中，我们却无奈地发现，高密度真真切切地一度或正在成为很多地区和城市的问题。

从19世纪工业革命时期的伦敦和巴黎的产业工人住区，到20世纪美国的黑人、亚裔社区，再到今天中国的城中村、印度及其他亚非拉国家的贫民窟，高密度在城市里往往是拥挤、混乱、贫穷、落后、瘟疫和疾病、犯罪、暴力、暴乱等灾难性问题的代名词。高密度就此成为问题，无论是西方或东方，对于高密度的遏制和治理也一度成为以政府为主导的城市研究与实践的一大主要课题。

另外，一些高密度城市伴随着的交通拥堵、噪声、局部污染、城市犯罪引起的负面感觉和在个人隐私保护方面的倒退等问题，实质与当前高密度城市发展缺乏良好的空间解决手段有关。高密度城市并不是必然会导致这些问题，如高密度城市发展的典型香港，2011年的自杀率约为十万人之中有11.8人，国际平均水平为10-11人，台湾为14人。从人均寿命来说，香港2011年平均寿命82.8岁，为全球各国和地区第二、华人地区第一（大陆地区73.5岁，位居全球第83位）。当然，这些事实的原因是多方面的，但至少说明空间狭窄并未使香港这些指标相对其他地区显著恶化。

高密度给城市带来了什么？

提高土地资源利用效率
充分利用城市已开发的土地资源，可防止低效利用土地，提升土地利用效率。

保护区域的生态用地和耕地
建设高密度城市有助于留住田园山水，可以减少建设用地总量，释放出大量生态用地和耕地。

保护乡村和农业用地
降低城市向外扩张的需要，可有助于保护乡村环境，留住传统村落景观，留住乡愁。

提升城市经济的活力
高密度有助于强化建筑功能混合，催化城市活力，亦助长依赖集聚效应和靠拢性经济行业运作（如第三产业），增强城市的经济力量。

提升交通系统整体服务效率
促进人口紧密布局，提升交通系统整体服务效率，从而有助于减少私人汽车的使用，也减少了汽油消费和交通引起的污染，形成良性循环。

使基础设施投入更符合经济效益
把人口集中在一个不大区域里的高人口密度，能够比较高程度地发挥出基础设施的供应能力，更经济地使用这些基础设施。

城市须为高密度偿付什么？

加快疾病的传播速度
疾病易在密集的人群中迅速传播，建筑物的通风与传染病（如麻疹、肺结核、水痘、炭疽热、流感、天花和非典等）传播有关。

降低了城市抵抗灾害的能力
城市洪涝、恐怖袭击、海啸、地震和核泄漏等灾害一旦发生，造成的损失将无法估计；如亚洲城市面临洪水侵袭:2010年约有3亿城市人口面临海水上涨的威胁，到2025年这一数字可能升至4.1亿人；另外，2010年亚洲约有2.45亿人口面临内陆洪水的威胁，到2025年将增加到3.41亿人口。

不当的高密度空间可能增加社会犯罪
社会犯罪率、骚乱等与高密度有一定的关系。

过于拥挤带来的环境污染
城市的微气候失衡所带来的雾霾、热岛等效应，如世界上污染最严重的20个城市中有11个在亚洲，67%的亚洲城市达不到欧盟空气质量标准，每年空气污染导致亚洲50万人口死亡。

高能源需求导致区域供给失衡
食品、能源等需求依赖高，无法满足自我供给和循环，需要一定的区域予以支撑。

对个人心理产生影响
生活环境挤迫，私人空间减少，易制造摩擦和情绪不安；同时缺少公共空间也给个人社交带来影响。

重识高密度：寻找高密度的空间解决之道

高密度不等于"高楼林立"

"高楼林立"仅是高密度城市的"冰山一角"

集约化发展的城市必然促成中心城区或城市局部地区高密度区的形成，有些地区甚至形成极端的高密度现象，但是局部的高密度区只是城市空间结构的一部分，我们应该更加关注如何打造疏密有致的城市空间结构。

如东京人口密度和规模都是世界之最，20世纪50年代，随着经济高速发展，东京都心建筑和人口高度密集，高楼林立。随后，东京开始开发新宿、涩谷、池袋等新城地区，不断将中心区的部分功能向外疏解，新城地区逐渐具备了完善的商业、工业、教育、科研、休闲和居住等功能，还建立了健全的交通枢纽和大型综合邻里社区中心，减轻了对中心区的依附作用，依托新城打造了东京及周边广域内交通、通信等基础设施的改造和城市空间职能的重组，形成了"中心区-副都心新城-周边新城-公共大交通"的城市格局。

高密度中心区与大型公共空间互补发展

既然高密度和高容积率成为城市发展的既定条件和不二选择，那么如何通过中心城区城市单元内部功能复合、空间形态多元和互补，来满足身居其中的人们活动和体验的多元需求就变得尤其重要，使人们可以在一个单元内享受城市多元服务和不同空间体验，体现出城市功能复合、形态多元和空间互补模式的优势和必要性。

如香港铜锣湾高密度的商业中心区与维多利亚公园在面积上几乎形成1:1的对应关系，然而两者一密一疏、一张一弛、一商业一休闲、一资本一无偿、一消费一公共，无论在城市功能还是空间形态上都形成了良好的互补关系。绿地公园满足了高密度城市空间中人们缓解压抑的需要，同时高密度的人流也避免了城市绿地由于可达性不足而形成无人问津的死角，保证了与商业同等的活力高效。

"高楼"背后的建筑多功能化

在城市高密度环境下，如果还是以传统方法应对高密度所带来的挑战，其结果无疑只会加剧高密度地区城市和建筑空间的恶化，愈加远离人类宜居的要求。因此，合理利用有限的空间，打造多功能的建筑成为大势所趋。所谓建筑多功能化是指高密度空间内建筑物的不同功能能够在同一栋建筑的垂直度上进行分层的混合累叠，为城市节省空间用地提供最大程度的保障，并且在有限的空间内获得更加舒适的城市空间，也能有效地提高城市的生活质量，采用三维立体多层次的手法来进行建筑，构成一个空中、地面、地下的三维互动空间。如在一个综合性的大楼中，可以在建筑的高层位置安排公寓，中间层加入多层次的停车或者存储空间，下层则可以安排一些营利性的商场或者小型的学校。

微型公共空间的精细化和人性化处理

通过对人性化的重视，将城市微型公共空间进行精细化的处理，并且在主要的步行层面重塑人性化尺度的空间环境。同时要落实高层建筑地面空间的人性化处理，带动密集区相邻地块之间的空间活化效果，并在密集的居民区实施小尺度开放空间的人性化设计，例如：小广场、小公园、休息亭、公共艺术设施等，增加居民活动观赏场所的舒适性，减小密集环境给人们带来的压迫感。

香港维多利亚公园

资料来源：
旅仁自由行专门店 .http://evertravel.com.tw.2014-09-30

高密度不等于拥挤：香港的"大"和北京的"小"

因小失大：北京与香港的室内居住空间对比

在地区分布上，目前北京朝阳和海淀两个区每人平均占地约130平方米，东城和西城的密度最高，相当于每人占地42.7平方米，而香港九龙区每人只有22.3平方米，最密集的区域——旺角区，每人只能分到土地7.7平方米，相当于北京东城和西城的18%，朝阳和海淀的6%。

在北京，住宅的容积率一般在2.0至3.0之间，大多以封闭小区的形态出现，在大家的心目中，容积率超过3.0就不宜居了，因为会出现塔楼而非纯板楼；而根据香港的法定图则，港岛住宅的容积率是8～10，九龙是7.5，新发展区也有6.5，重建项目则可能更高，可见香港的容积率相当于北京的3至4倍。另外，香港的住宅大多以街区的形式存在，基本上没有什么小区花园，街道的宽度与北京相比也要小得多，住宅楼前就是市政道路，从而腾出更多的道路来容纳建筑物。

目前，香港有三分之一的家庭住在政府公屋中，户型最大的69平方米（以使用面积计算，下同），最小的只有8.2平方米。以中国建筑国际在启德机场原址上建设的启晴邨为例，最小户型14.1平方米，可供1～2人居住，每月租金为港币909元，最大的37平方米，为两卧房单位，可供4～5人居住，每月租金为港币2387元，即使这样的房子也得轮候至少3年才能获得资格。除了政府公屋之外就是私人开发商开发的屋苑，也大多以小户型为主。据统计，全港只有约10%的住宅单位大于100平方米，即所谓的"千尺豪宅"；但这些豪宅绝非普通人所能承受，如港岛区2011年100～160平方米之间的户型，成交单价是每平方米港币16.8万元，即一套100平方米的公寓均价约为港币1680万元。绝大多数人的住房条件都不宽裕，三四口之家住40～50平方米是很常见的。

距离为王：香港郊野公园的建设原则

香港自开埠以来，移民一波接一波地到来，人口数量呈现持续的增长。尤其是1945年后的内战，使香港人口增长到1950年的200万人，此后在国内的政治运动中有大量人口逃港，这使得香港始终存在人口膨胀与土地资源稀缺的矛盾。在这种情况下，香港采用高密度发展的策略提高土地使用效率，解决大量人口住房与就业问题。事实上，如不采用这一策略，城市的边界将被无限制扩展，更多森林都将变成"水泥森林"，很多地区的自然生态环境被破坏。而到今天，高密度策略的实施成果之一，是城市留下500平方公里的"受保护地区"，其中包括24个郊野公园和22个特别地区。

郊野公园在北京也有，但不一样的是要开上1小时的车才能到，在香港人们可以从住处快速抵达，且是真的郊野而非人造公园。以湾仔区为例，从任何一个地方出发，人们都可以步行十来分钟即可上山，在长达50公里的港岛远足径上暴走，欣赏山峰、林地、水塘、岛屿、迂回的海岸线和丰富的植被，在自然中走上一整天，安全且没有机动车的打扰。而港岛径仅仅是四条远足径中最短的一条，最长的达100公里，此外还有无数的家乐径、郊游径、自然教育径等供人们选择。

顾全大局：高密度、紧凑型理想城市建设模式

在高密度的城市中，人们虽然没有了房间内的入户花园，没有了封闭小区的大园林，但为人们留下了大面积的森林和保护区，让人们在这里释放高密度带来的压力。所以从这一点来说："小"其实是"大"，城市占用土地小了，保留的自然就变大了，人们的居所小了，但是活动空间变大了，人们可以用自己的双腿走得更远；相反，"大"也可能是"小"，城市大了，大自然变得遥远了，马路宽了，可以行走的范围却小了，要么困在车里堵在路上，要么宅在大房子和小区花园里。

上帝每关上一扇门，就会打开一扇窗。所以在高密度、紧凑型都市中，上帝不能给大家宽裕的房子，但打开了一片更大的天空，让人们走得更远，看得更多。相反，上帝让人们享受宽敞的个人小空间，就要让他们忍受拥堵的交通、污染的空气和低劣的公共服务——其实与上帝有什么关系呢？这只是我们自己的选择而已。香港人除了调侃自己是"弹丸之地"，往往还会说"香港是个神奇的地方"，城市选择了自己的发展方式，人们就会在其中找到自己的生存方式，对于特大型城市而言，高密度、紧凑型可能是城镇化发展模式的一个重要选项，只是我们都没想明白，也没作好准备。

香港高密度住区

资料来源：
肖喜学. 如何在高密度城市中生存? 住区, 2013（4）

高密度与大运量公共交通"相生相伴"

高密度、大规模城市成立的基本条件是能否建立起由地铁、轻轨、路面电车等轨道公共交通为主组成的快速、覆盖面积大、密度高的城市市区交通体系、城市圈和城市群交通体系。可以说,没有高密度城市,就无法支撑大运量的公共交通系统,反之亦然。

城市轨道交通与高密度功能区开发相结合

为了充分利用交通资源,城市土地的开发利用一般是沿交通线展开,所以说城市交通系统的发展对城市高密度功能区的分布具有引导作用,随着交通方式的改进和交通线网的建设,城市空间格局随之演化,导致高密度功能区的分布改变以及快速发展。

新加坡通过政府强势主导,规划先行,采取了以大容量快速交通带动卫星新城开发建设的城市规划策略。在地铁建设中,大量采用在车站周边进行高密度、高强度的住宅—商业混合开发模式,既节约了宝贵的土地资源,又为地铁形成稳定的客流,而且也为市民的出行、购物、生活带来便利,最终回归传统的、紧凑的、以公共交通及骑行和步行为主导的城市发展模式。

新加坡地铁站附近

资料来源:
蚂蜂窝 . http://www.mafengwo.cn/photo/10754/scenery_957475_1.html.2014-09-30

香港巴士

建设多层次的公共交通系统

多层次的公共交通系统也是高密度城市运行的基本条件。如香港在不可能大规模拓宽道路的前提下,建立了便捷而多样化的公共交通系统,以轨道交通为主,巴士、小巴、轮渡、出租车等多元发展的公共交通网络来疏导城市交通。尤其是在中环地区建立了立体化交通系统,地上空间被高架步行道和高架快速车道占据,并行不悖。地面道路供公共交通车辆和机动车行驶,建筑底层是架空的停车场地,形成公共交通中转站,地面以下则是多层次的地铁交通。

资料来源:
香港交通咨询网 . http://www.hkitalk.net/HKiTalk2/thread-710961-1-1.html

搭建空中和地下连续的"步行艺术连廊"

通过建筑空间和近地空间相结合,可以更加合理地利用空间,并以此改变城市结构。比如可以利用近地空间组成交通路线,构建高效的交通网络,或者在建筑的近地空间建立天桥,这样既达到了近地空间和建筑空间有机结合,又合理利用了空中的空间资源。

如香港城市中心区高效运转很大程度上得益于三维层面的人车分流,建立了"畅道通行"的步道系统。步行网络由人行道、步行街区、人行天桥、地下通道、街头广场、屋顶花园、建筑物穿越式门厅等共同组成,形成多层次的立体网络,"艺术连廊"这一模式不仅有效缓解了地面交通的拥堵,实现人车分流,而且将孤立的、功能各异的超高层建筑连为整体,其意义扩展到城市整体的社会价值、经济价值、文化价值的提升。

香港步行系统

资料来源:
高楼迷论坛 http://www.gaoloumi.com

微气候改善破解"水泥森林"的生态危机

完善组团式布局方式，形成开敞渗透格局

城市总体布局是否合理能直接影响到城市气候环境的优劣，如"中心摊大饼"的发展方式造成了诸多的气候环境问题。组团开敞式布局依托城市功能组团间的绿环和绿带，促进区域生态功能和城市风场向城市渗透，达到缓解热岛和大气污染的目的。

构筑城市通风走廊，输送凉冷新鲜空气

据相关研究表明，城市通风走廊与主导风向一致，对气候环境的调节能力最强，且集中的廊道调节效果要优于分散型。规划考虑城市主导风向上的城市开敞空间布局，在城市开发密集区域，串联水体、公园、绿地及主要交通走廊等，打通通风堵塞区域，形成城市通风主廊道，引入郊区冷凉新鲜空气，把城市密集区的热和混浊空气吹到城外，形成良好对流，改善主城区的热岛和大气污染等问题。

如新加坡的公园连接道在为市民提供了良好的活动空间的同时，也打通了整个城市内部的联系通道，形成了城市通风廊道，对促进高密度功能区的空气流通起到了重要的作用。

营造合理街区和建筑群空间，形成城市内部舒适微气候区

完善新建地区的街区网络，更合理利用地块内的季节性自然通风条件，参考地区季节性盛行风的风向显示，通过风环境模拟确定街区内的城市道路走向和建筑群空间，在空间布局上设计多条微风通道，使城市内部形成微气候区，达到舒适目的。

重视城市下垫面改善，采用低冲击开发模式

城市下垫面主要是指城市建筑的屋顶、墙面，城市的路面、广场，以及绿地、水体等直接与大气进行交换的表面，是城市热岛效应的直接影响因素。强调城市下垫面的冷源化设计，加大城市密集区的建筑屋顶和墙面的立体绿化覆盖；提倡城市路面和广场的低冲击开发模式，减少不透水表面面积，对不透水比例高的区域进行重点改造；优化绿地系统结构，在提高平均城市绿地覆盖率的基础上，在热岛效应较高区域合理布置绿地斑块；因地制宜增设水面，在城区有条件的区域，合理创建水面，扩大冷岛影响范围。

（作者单位：江苏省城镇化和城乡规划研究中心）

参考文献
[1]吴恩融著,叶齐茂,倪晓辉译.高密度城市设计:实现社会和环境的可持续发展[M].中国建筑工业出版社,2014.
[2]赵江林.亚洲城市化:进程与经验[J].当代世界,2013,6.
[3]魏后凯,武占云,冯婷婷.东亚国家城市化模式比较及其启示[J].徐州工程学院学报(社会科学版),2013,2.
[4]饶本忠.东南亚国家的城市一极化现象[J].城市问题,2004,5.
[5]阿里木江·卡斯木,唐兵,安瓦尔·买买提明.近50年来中亚五国城市化发展特征研究[J].干旱区资源与环境,2013,1.
[6]Asian Development Bank. Inter-American Development Bank. Sustainable urbanization in Asia and Latin-America[Z]. Mandaluyong City, Philippines: Asian Development Bank, 2014.
[7]王龙,叶昌东,张爱媛.城市高密度发展背景下的低碳空间建设策略[J].2012年中国城市规划年会论文集,2012.
[8]黄忠兔.高密度城市设计观[J].广西城镇建设,2013,12.
[9]陈可石,崔翀.高密度城市中心区空间设计研究:香港铜锣湾商业中心与维多利亚公园的互补模式[J].现代城市研究,2011,8.
[10]费移山,王建国.高密度城市形态与城市交通:以香港城市发展为例[J].新建筑,2004,5.
[11]张为平.隐形逻辑:香港,亚洲式拥挤文化的典型[M].东南大学出版社,2009.

透水路面

雨水花园

城市中国计划

由麦肯锡公司、哥伦比亚大学和清华大学公共管理学院共同合作创建。以建立由公共部门和私营部门共同参与的联合智库为目标，以"推进良性城市化，支持创新型城市"为使命，主要有四项具体目标：提供方案——提供针对中国城市发展问题的最新、最佳解决方案；培育人才——为研究中国城市化的优秀国内外专家提供专业平台，吸引全球一流的思想家；组织对话——在全国和省、市层面组织和召开关于城市化问题的精英对话；建设试点——基于本计划的研究和对话结果，协助中国的城市决策者建设试点项目。

www.urbanchinainitiative.org

聚众智慧　致力践行

地址：北京市朝阳区光华路1号嘉里中心南楼19层 100020
邮箱：contact@urbanchinainitiative.org
电话：86 (10) 8525-5331

收缩欧洲
——收缩城市的应对之策

整理 庞慧冉

Global & European 全球与欧洲

城市与人口发展 CITY AND POPULATION DEVELOPMENT

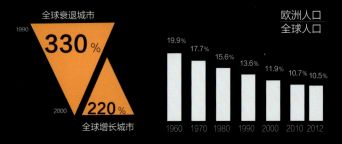

European 欧洲

人口减少城市 CITY POLULATION DECLINE

1956-2006年人口超过10万的欧洲城市

European 欧洲

青年失业率 YOUTH UNEMPLOYMENT

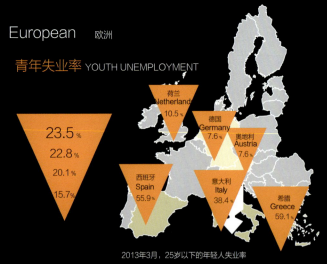

2013年3月，25岁以下的年轻人失业率

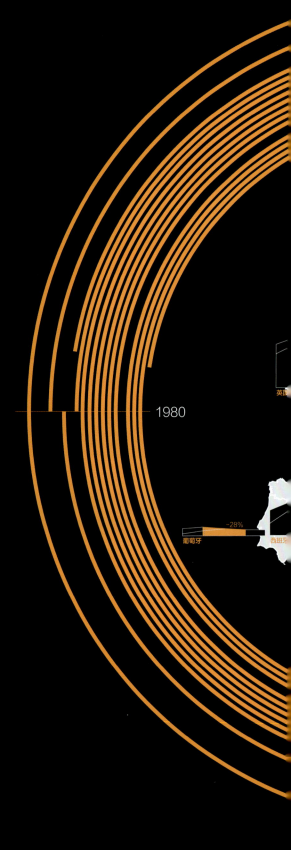

资料来源：
Oswalt, P. 收缩的城市 [M]. 上海：同济大学出版社 .2013

时至今日，全球巨型城市已经增长为 28 个，居住着全球 12% 的城市人口，增长毋庸置疑已经成为国人甚至是全球的共同预期。然而在最先开始工业化、最早完成并拥有高水平城镇化的欧洲，却呈现出大城市萎缩特征，似乎与世界背道而驰的欧洲现实向当代全球城镇化的显学逻辑发起了挑战。

无论是经济发达、实力雄厚的英德，还是相对落后的南欧意大利、西班牙和东欧乌克兰、罗马尼亚等，众多欧洲城镇人口持续减少、制造业岗位不断流失、社会问题频频增加、住房空置率居高不下、政府财政入不敷出……不断变"小"、萎缩的欧洲城镇，消解了我们对于一味增长时代的自信，暗示了一种增长与收缩并存的全球新的政治经济地理格局。

面对由城市产业转型、政治经济体制变革等深层次、多方位的城市变革引发的多维度城市衰退，欧洲收缩城市的复兴经验明确显示："增长导向"的项目建设型复兴措施被证明失效，而"调整导向"的再改善和本土化策略才有可能成功复兴城市。

对于仍旧习惯于"城市人口规模翻番"、动辄"几十甚至上百平方公里新城区"建设的中国，"城市收缩"似乎是专属于发达国家的城市病症，离我们还很遥远。然而，工业资源枯竭、人口老龄化、产业转型这些潜在加速城市衰退的因素已在中国城镇化过程中暗流涌动，出现"未盛极而衰"的城镇化，有学者进一步指出，中国将在 2025 年前后出现大规模的城市收缩，其不仅会继续深化，而且会以新形式出现。面对已经悄然出现并将席卷而来的衰退城市，该如何应对，我们准备好了吗？

解读收缩：一个全新的概念

收缩城市的内涵

资料来源：
Bernt, M. Partnerships for Demolition: The Governance of Urban Renewal in East Germany's Shrinking Cities[J]. International Journal of Urban and Regional Research, 2009, 33(3):754-769

定义： 城市收缩/衰退（Urban Shrinkage）的概念不等同于出现于1970年代、由于市民郊区化迁移或者城市周边交通基础设施建设等微观层面原因导致的"城市衰败"（Urban Decay），或者在北美学者中使用较多的"城市枯萎"（Urban Blight），也不同于强调经济层面结构性衰退的"弱市场城市"（Weak Market City），或强调物质层面衰败的"孔洞化城市"（Perforated City）等表现为单一维度"线性衰退"的城市现象。简而言之，它指城市的全面衰败。

根源： 城市收缩并非一个新现象，其原因也随着历史背景变化而发生转变。20世纪城市收缩的主要原因在于人口老龄化、郊区化、后工业化和社会主义变革，以工业区的衰败为主要特征；21世纪城市收缩的新成因主要是在"新经济"时代背景下城市的"去工业化"、"产业合理化"和"办公远程化"，由此导致的空置的办公楼和商场为其新标志；此外，气候变化和石油时代的终结，也成为新的城市收缩的重要原因。

资料来源：
Laursen, L. Shrinking Cities or Urban Transformation [D]. Aalborg: Aalborg University, 2008

"城市衰退是在去工业化和郊区化的全球层面城市发展的背景下，由地区层面的多方面社会因素的相互影响、作用下所产生的多维度的城市现象。以人口萎缩和产业衰退为主要特征，并伴随就业岗位减少、城市设施过量、社会价值崩塌等社会问题"——Bernt, M.

"衰退型城市为人口规模在1万以上的城市区域，城市人口流失超过2年，并且经历结构性的经济危机"——衰退型城市国际研究机构（Shrinking City International Research Network）

"收缩"的历史进程

阶段1 20世纪初，工业化和其引发的快速城市化兴起的100多年后，收缩城市的数量开始增加，大部分集中在工业与城市化程度较高的区域，那些因为工业革命而最早成为超级大都市的城市，率先进入一段漫长的人口流失期，随后其他工业国城市也开始收缩。

阶段2 "二战"后，美国开始出现收缩城市，不久其势头就超过了欧洲。

1950至1960年间，全球大型收缩城市增加了38个，包括芝加哥、费城、底特律和华盛顿

阶段3 到1970年代至1980年代，收缩城市在全球的发展速度达到一个阶段性的顶点。收缩城市的数量与人口下降速度超过扩张城市的数量和人口增长速度。

全球1/6城市（人口大于10万）成为收缩城市，70%是工业国，多位于美国、英国与德国

资料来源：
Oswalt, P.[M] 收缩的城市.上海：同济大学出版社.2013
Ryan, B. Rightsizing Shrinking Cities: The urban design dimension[M]. Philadelphia: University of Pennsylvania Press, 2012

阶段4 1990年代，西方工业国的城市收缩曾经略有好转，然而东欧剧变和苏联解体引发了东欧与中欧国家的政治、经济与人口动荡，人口大量外流，加之出生率降低，人口崩溃性下滑。俄罗斯、乌克兰、罗马尼亚和波兰的收缩城市数量激增。

收缩城市的多维表现

城市人口：质与量的收缩

城市人口规模的衰退是衰退型城市最主要的表现，人口外迁和出生率降低以及人口相对老龄化是主要原因。衰退型城市人口外迁具有高度"选择性"，主要的外迁人口为年轻人与受过良好教育的知识型人才，由此导致了城市人口结构的加速老龄化和低技能化，使得城市"自发发展无法实现"。另外老年人、社会地位和教育水平较低的人群或是移民人群等"社会边缘群体"聚集在衰退型城市，将进一步导致城市社会问题产生。

经济财政：收支不平衡

传统优势产业萎缩，就业大幅缩减，带来的社会福利支出激增，政府经济税收减少，加之新投资控制的公共设施、基础设施的维护需求激增，给政府财政带来了更为沉重的税收和财政压力。

物质空间：孔洞化

城市人口外流造成城市大量过剩的住宅、基础设施和公共服务设施的出现，而长期闲置和缺少维护造成住宅和设施的衰败，部分项目的拆除则留下了"城市中心区的沙漠地带"这样的萧条开放空间。拆除的建筑造成城市低密度灰色区域增加，形成空间肌理"孔洞化"，这一景象被认为是收缩城市最为典型的景象。

社会文化：氛围消极

日常生活的各方面出现消极氛围，缺乏足够的资金维护和提升文化设施导致城市归属感下降，更加难以吸引优质人才，城市基础教育系统和高等教育系统脆弱不堪，城市长期良性循环发展缺乏人才和知识资本，社会弱势群体集聚加剧居住隔离和社会空间极化。

底特律城市"孔洞化"的空间肌理

收缩城市的策略应对

何种策略模式能够抑制和扭转城市收缩？收缩城市的特殊性给城市决策者和相关规划人员至少提出了3大挑战：1.除了亟须恢复经济产业方面的竞争力外，如何兼顾多维衰退结果，如空间、社会和文化产生的交错复杂、相互影响的矛盾冲突？2.针对匮乏资本输入的衰退城市，诚然必须依赖外界资本输入（上级政府或私人投资），但如何规避过多外在依赖带来的地方财政不稳定性？3.如何利用有限的资源扭转低迷的社会认同感和归属感，从而抑制人口进一步外流，盘活市民参与公共事务活力？

策略模式

传统的以增长和大型项目建设为导向、以经济发展为单一目的的"线性"复兴模式，以及"唯经济发展为目标"的发展理念，只适用于人口和经济仍在增长的城市，对于衰退型城市的发展而言，增长导向的城市发展模式已经失去指导意义，整体性、复合型基础上的调整型复兴策略被证实更有效果。

策略类型

产业复苏策略：制造业、政府岗位和高科技产业是衰退型城市有望复苏的"三驾马车"（Siddharth Kulkarni和Howard Wial）。

土地使用策略：基于"土地银行"、绿色基础设施和社区协助规划的"城市规模合理化"模型来解决废弃的公共空间和公共设施，激活城市经济和房地产市场（Joseph Schilling）。

文化复兴策略：人才回流是衰退型城市复苏的关键，通过高水平教育和安全环境建设提高人口素质并留住人口是根本性要素（Edward L. Glaeser）。大学教育机构能够提供就业、促进消费、促进经济创新，对促进城市经济复苏具有重要意义（Judith Rodin）。基于设计产业发展、创意活动策划和文化设施建设的"创意之都"形象打造，高校的人际交流网络培育，前沿科技的转型对于推动衰退型城市可持续发展至关重要（Jasmin Aber和Hélène Roth）。

策略机制

对于资源输入困难的衰退型城市，政府和企业角色弱化，新自由主义城市治理模式成为必然趋势，政府、私人团体和市民的共同参与对于抑制衰退城市具有重要作用（Hans Harm）。

资料来源：
Rink D, Haase A, Grossman K, et al.From long-term shrinkage to re-growth? The urban development trajectories of Liverpool and Leipzig,[J] Built Environment, 2012,38(2):162-178
邢铭. 老工业城市的复兴：格拉斯哥的经验以及对中国东北的启示[J]. 国际城市规划,2005,20(1):60-61

资料来源：
综合报道. 底特律宣布申请破产 为美国最大城市破产案[EB/OL].(2014-12-08)[2013-07-19 http://www.itdcw.com/archives/news/0Gc2222013.html

城市概览：收缩的欧洲现实

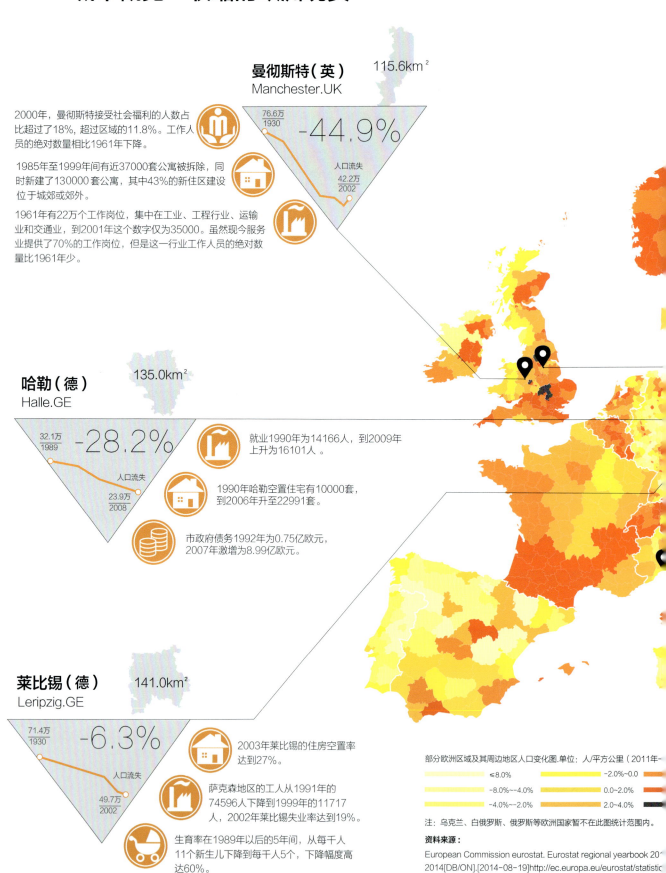

曼彻斯特（英）
Manchester.UK
115.6km²

76.6万/1930 −44.9% 人口流失 42.2万/2002

2000年，曼彻斯特接受社会福利的人数占比超过了18%，超过区域的11.8%。工作人员的绝对数量相比1961年下降。

1985年至1999年间有近37000套公寓被拆除，同时新建了130000套公寓，其中43%的新住区建设位于城郊或郊外。

1961年有22万个工作岗位，集中在工业、工程行业、运输业和交通业，到2001年这个数字仅为35000。虽然现今服务业提供了70%的工作岗位，但是这一行业工作人员的绝对数量比1961年少。

哈勒（德）
Halle.GE
135.0km²

32.1万/1989 −28.2% 人口流失 23.9万/2008

就业1990年为14166人，到2009年上升为16101人。

1990年哈勒空置住宅有10000套，到2006年升至22991套。

市政府债务1992年为0.75亿欧元，2007年激增为8.99亿欧元。

莱比锡（德）
Leripzig.GE
141.0km²

71.4万/1930 −6.3% 人口流失 49.7万/2002

2003年莱比锡的住房空置率达到27%。

萨克森地区的工人从1991年的74596人下降到1999年的11717人，2002年莱比锡失业率达到19%。

生育率在1989年以后的5年间，从每千人11个新生儿下降到每千人5个，下降幅度高达60%。

部分欧洲区域及其周边地区人口变化图.单位：人/平方公里（2011年-

≤8.0%   −2.0%~0.0
−8.0%~−4.0% 0.0~2.0%
−4.0%~−2.0% 2.0~4.0%

注：乌克兰、白俄罗斯、俄罗斯等欧洲国家暂不在此图统计范围内。

资料来源：
European Commission eurostat. Eurostat regional yearbook 20
2014[DB/ON].[2014-08-19]http://ec.europa.eu/eurostat/statistic

封面故事 | Cover Story

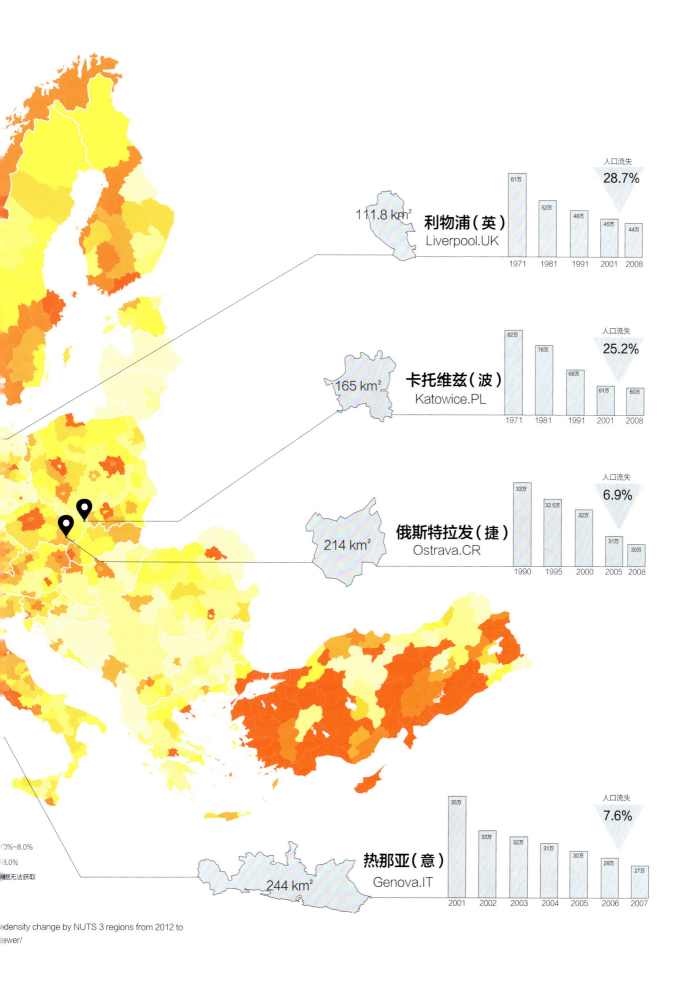

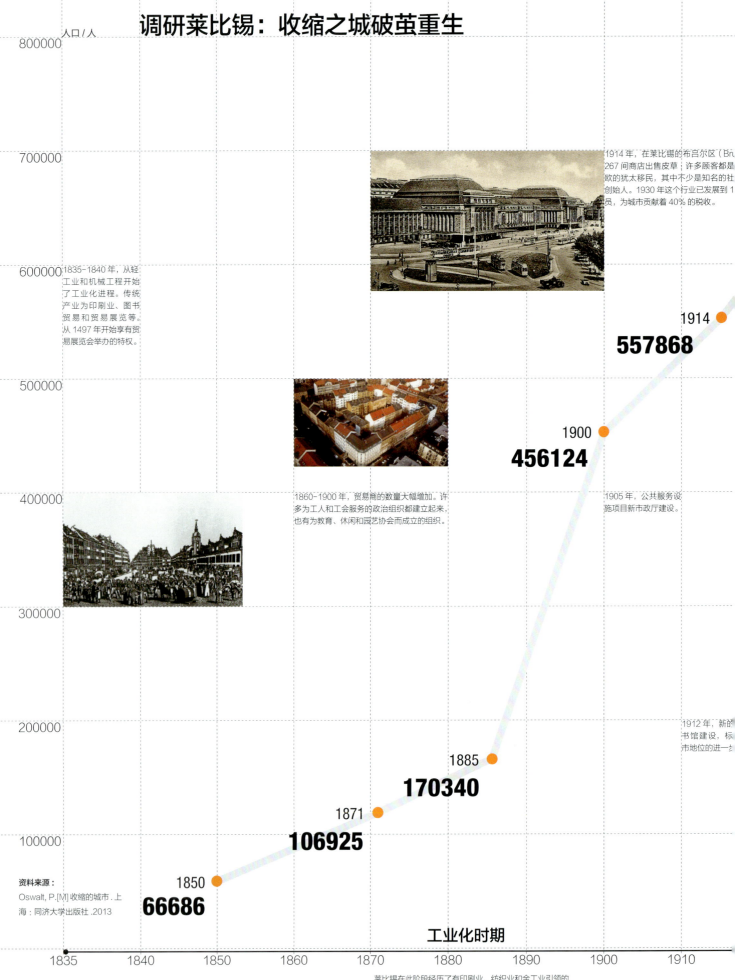

人口数据

- **1933** — 713470
- **1950** — 617574
- **1975** — 566630
- **1989** — 530010
- **1998** — 437101
- **2000** — 493208

1933年，城市居民达到最高峰71.3万。会展贸易产业成为重要产业。

1943-1945年，盟军摧毁大部分的商品交易会场地和城市艺术区，美军于1945年4月18日接管莱比锡，城市因此陷入分裂之中，衰退局势初现。

1938年，水晶之夜——城市中13座犹太教堂中有12座被摧毁，城市人口迁离，莱比锡流失了大量犹太知识和文化精英。

1980年代，老城中心的住宅年久失修，空置率高。城市展开大规模的市区建设和计划。在苏特弗（Sudvor）广场和康涅维茨（Connewitz）区乱搭乱建现象严重。

1992-1998年，莱比锡城郊出现大量郊区住宅，由于特别的居住购买减免税收政策，许多居民迁移到城郊和西德地区，使得城市中心区废弃住宅和办公楼空置率激增。

1997年 原先的火车站被改造成为一个带有火车站接口的购物中心。

1990年底，在市中心划定了重建区，并在此兴建了5万套公寓；此外该地区有75%的建筑物将被重新翻修。

1936-1942年，在艾斯彭海因（Espenhain）建设焦煤加工厂。

1976年，格鲁瑙（Grunau）的郊区住宅开始施工建设，在1980年代末，大约有十万人居住在那里。

1991-1994年，在城郊规划兴建了大量办公区和工业园区，但他们往往未被充分使用，在莱比锡和哈雷之间的高速公路两侧，形成了许多郊区购物点。

1945-1953年，莱比锡摧毁工厂以作为战争赔偿。著名的图书出版社搬迁至西区，与平面艺术相关的产业和公司实行国有化，重建和扩建焦煤生产企业，加强重工业部门。

1990-2000年，27个周围社区被合并起来，人口增长了近50万。

2000年 莱比锡、哈雷机场扩建，成为洲际机场。

1956年，"建设行业的转机"：莱比锡成为社会主义城市发展的一个榜样。1968年，布商大厦（Gewandhaus）和大学教堂被拆除，大学的高层建筑在1975年建成。

1970年代，城市的碳化工企业越发恶化，恶劣的环境和工作条件比比皆是。

1990-1993年，国有公司实行私有化，集体合作社被解散。由于工厂裁员和倒闭，工业部门的大部分工作流失，出现大型工业区废弃。

启用了新的商品交易会场地，交易卖家即参展商，德国商品总量的1/6莱比锡交易。

1970-1980年代，一种非正式的文化景观发展起来，包括艺术家、音乐家、作家和剧院工作者。

1993-1996年，城市新的交易会建筑区建设成功，专门性的毛衣展销会取代了早先的无所不包的交易会。

第二次世界大战时期 | 两德分裂期 | 两德统一以及新联邦州衰退期

1930 — 1940 — 1950 — 1960 — 1970 — 1980 — 1990 — 2000 — 2010

由于新兴的电子、化工、采矿和能源产业入驻，莱比锡人口持续增长，并于1930年达到75万的城市人口极值，跃升为德国第四大城市。

中央集权民主德国的政权机构高度集中于东柏林，造成地方政府功能消解，莱比锡开始经历持续迅猛衰退。

原东德地区由于计划经济无法适应突如其来的西德市场经济和政治法律制度的巨大变革，经济基础瞬间崩塌，失业率激增，城市人口大量减少，城市衰退进程加速。

衰退的莱比锡

城市工业衰退，人口减少和老龄化

由于避开自由市场的保护以及对于新的经济结构和汇率变化的不适应，1989年至1995年，莱比锡就业岗位和人口都大量流失，郊区住宅开发和内城居住环境恶劣造成吸引力下降，高失业率使得大量城市人口迁往西德或德国以外国家，而外迁人口中高比例的年轻女性，进一步导致老龄化和低生育率。

住宅空置衰败，社会问题激增

1990年代起，住宅空置率迅速上升，2000年达到最高值，全市约有6.25万空置住宅单元，占住宅总量的20%，13%的住宅极度衰败，9%的住宅无法居住（1990年数据）。莱比锡的失业率普遍高于德国平均水平，2005年超越了东德的平均水平；新的消费导向的社会价值观和高福利依赖率导致人口仅一步极化；移民集聚形成低社会融合度的社会弱势群体集聚区。

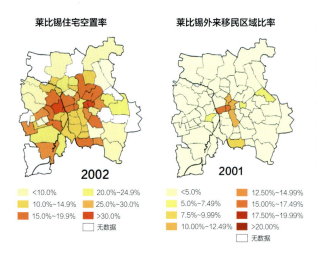

城市空间结构破坏，公共财政负担沉重

去工业化的进程产生的"后工业"废弃地以及衰败严重的住宅拆除留下的"拆除后"空置地形成"都市荒野"，1994年至2007年莱比锡就新增了近2000处空置地；人口收缩和郊区住宅区建设导致莱比锡收缩和发展并存，加剧了城市"孔洞化"趋势。人口减少、地方企业倒闭、商业投资减少等直接导致政府税收减少，同时，基于人口规模所确定的来自上级政府的公共拨款也随人口收缩而持续减少，依赖社会福利生存的家庭增加，自主税收名存实亡。

孔洞化：连续的城市肌理被破坏出现突然的城市空地或衰败地区。

曲折的复兴实践

为挽救衰退局面，1990年代早期莱比锡以"增长导向"为城市发展政策，通过联邦州和政府层面的公共拨款进行大规模公共项目开发建设，虽取得了一定成果，但未能带来更强的整体效果，人口持续外流，失业率居高不下，房屋空置率有增无减，人口郊区化更加严重，大量项目建设加剧了公共财政负担，1992年政府开始采取贷款形式。这种基于大量项目建设的"增长导向"的城市发展模式对于发展可用资本薄弱的衰退型城市而言是不切实际的，莱比锡因此调整了复兴策略。由基于项目建设投资的"增长导向"模式向基于对城市既有建设和现有居住环境进行再改善、本土文化进行再营销的"调整导向"模式转变。制定了从空间、经济、文化三个层面的复兴策略。

资料来源：
Marco B.Facing the challenge of shrinking cities in East Germany: The case of Leipzig[J]. Germany

封面故事 | Cover Story

1 空间 改善生活质量　　**2** 经济 促进就业复苏　　**3** 文化 重塑城市形象

空间复兴：改善生活质量

【市区更新】

1998年起，莱比锡城市议会开始进行一系列"城市研讨会"，通过圆桌会议的形式邀请重要的城市专家提出解决策略，确定了市区更新的重点内容与目标：在政府公共资金不足的现状基础上，有效分配有限的财政预算。通过拆除衰败最为严重的住宅，在城市中心区提供更具吸引力的住宅与宜人的居住环境，形成对郊区的竞争优势，吸引市民回城投资居住。重点住宅拆除对象为社会主义时期住宅区（占70%）和传统居住区（占30%）中的老旧和破败程度较高的住宅。

由于缺少可供借鉴的经验，莱比锡创造性提出了一些解决策略，如利用居民组织的力量，顺应社会组织占据空房屋的趋势，发起"守护房屋"项目：通过与非政府组织的合作，在项目地区内提供临时的免租金的衰败空置住宅，但租用者需要作为"房屋守护者"对其进行必要的修复。

【公共空间营造】

因工业衰败或住宅空置留下的空间导致周边房地产价格下降，滋生犯罪、安全问题，加之失业人群与老龄化对公共空间需求增加，对空置地再利用成为改善生活质量的重要举措。

莱比锡依托1990年代初德国政府提出的"临时使用"（Zwischennutzung）公共空间整治策略，提出公共空间营造的基本法律依据，协调私人产权和公共利益之间的矛盾。

具体设计根据公众需求与周边状况确定开放空间使用目标，满足市民临时性的游憩活动需要，在再利用城区空置地基础上，构建贯通城区的绿化空间体系，以公私签约形式确定临时使用权。

【棕地景观改造】

对于后工业语境下的城市工业废弃地利用不仅能够提升整体宜居度，还能吸引游客甚至大型企业、政府机构驻留，促进城市休闲经济这一新的经济形式的发展。棕地景观改造主要目的为改善城市生态环境和提供休闲生活方式，主要对象为后工业化过程中位于城区南北两侧、受工业时代严重环境污染的工业棕地空间。

莱比锡被拆除的住宅

资料来源：
Plger, J. Leipzig City Report. Center for analysis for social exclusion[R]. Europe commision,2007

莱比锡Cospuden湖项目：该项目是莱比锡最为典型的棕地改造项目。其通过对原褐煤露天采矿场（1981-1992）进行灌溉后淹没形成，其所提供的水上活动包括游泳、冲浪、潜水等。除此之外，还结合湖区设置了多类型的景观活动空间，包括徒步、森林和湿地等。莱比锡新湖区项目除了对于棕地再利用这一衰退型城市在后工业时代面临的普遍难题提供了一种解决途径之外，还成为城市休闲经济发展的一种途径。

实践效果

住房更新
1990年代末75%的传统住宅被更新

居民回流
从1998年的26万上升到2005年30万

住房空置
从2000年的6.25万降至2007年的4.3万

空地利用
2007年1/3的城市空地被更新

经济新策：促进就业复苏

早期经济发展策略因未充分考虑就业供给不足和财政资金有限的因素而失败，莱比锡政府于 1990 年代末调整经济产业发展策略，以优化就业市场为目标，通过营造"投资导向"的优质投资环境，吸引能够提供大量就业岗位的劳动密集型企业入驻。

【鼓励中小企业发展】

主要为增强城市应对市场变化的弹性、增强本地经济实力并进一步稳固和强化本地就业市场。具体策略为通过与科研学术机构和相关政府部门合作，来给予中小企业创业者全程的协助与支持，扶持高失业率地区社区层面的中小企业。

莱比锡与德国人均 GDP 变化（1997-2007）

经济复苏显著 1990 年代末起人均GDP呈逐年上升趋势，2005 年被评为德国最"商业友好"的城市（Wirtschaftswoche，《商业周刊》）

【吸引大型企业入驻】

成功吸引大型企业入驻的关键是政府"投资者友好型"城市政策的营造：首先，莱比锡政府与周围城市达成协议引导区域层面产业发展，可通过城市之间的土地置换来促成企业入驻；再者，政府与私营机构合作重组形成招商引资服务机构 PUUL，专门负责企业入驻劳动力预备工作（劳动力的筛选）；另外城市大量废弃地、留存的优质交通基础设施提供了物质基础。莱比锡成功吸引了 BMW 入驻，成为经济领域策略执行中的里程碑，另外，DHL、亚马逊等企业的入驻为莱比锡创造了近 10000 份低技术需求工作岗位。进一步增强政府城市复兴的信心和希望。

实践效果

评估项目类别	预期目标	实际成果	完成比例
保障岗位数	120	1104	920%
中小企业支持数	150	245	163%
创造岗位数	80	544	680%
新增企业数	20	80	400%
学生创业数	10	18	180%
劳动市场职位数	25	26	104%
迁入企业数	10	9	90%

【扶持新兴产业发展】

1992 年德国中部广播公司入驻，标志着莱比锡媒体产业的开端，莱比锡政府专注于提升在创意产业领域的市场入门服务，并进一步研究和开发新型产业，依托城市科研技术优势，鼓励研究和开发类型产业（R&D）。

莱比锡失业率变化

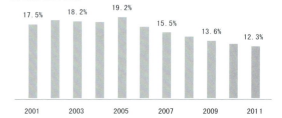

就业相对滞后 城市第三产业所提供的岗位逐渐增加（依托文化策略的衍生效应和对新型产业的扶持）

【缓解隔离，社区融合】

衰退社区所呈现的高失业率以及移民人群的社会隔离问题是其重点工作对象，核心目标在于为社会弱势群体提供就业机会，具体途径包括提高地区职业技能、创造就业机会、扶持弱势群体（移民等），主要利用"欧洲区域发展基金"（ERDF）、德国政府"社会融合城市"(Soziale Stadt) 的补助资金。

莱比锡不同产业类型岗位数变化（1988-2007）

产业初步转型 2005年起，工业衰退对于城市经济结构的冲击逐渐被新型产业的发展抵消

从最终的效果来看，社会隔离总体范围缩小、局部地区加剧，城市总体高失业率区域范围缩减，但是局部地区城市的失业率进一步增加，整体上而言，就业机会提升项目成效远超预期目标。2005 年之后整体失业率的降低并没能很快地缓解失业人群的居住隔离程度，实践证明，失业率降低和社会隔离缓解之间无正相关关系。

文化强市：重塑城市形象

【城市中心文化区建设】

莱比锡城市中心区本身具有文化区发展潜力：传统的欧洲城市肌理、独特的历史建筑遗产、融合历史与现代文化娱乐功能的莱比锡剧院、莱比锡大学、莱比锡音乐厅、圣托马斯教堂等，莱比锡于1992年开始制定针对城市中心区的发展计划，旨在维持、强化和发展城市中心区能提供的复合功能和整体吸引力。

2000年开始，在都市中心区发展计划指导下，公私投资项目陆续展开，落成了莱新美术博物馆，历史建筑被改造翻新，商业建筑和办公楼出现，莱比锡中心区成为城市的文化展示和文化消费中心。

【国际文化旗舰活动】

莱比锡在城市复兴中始终着力于申办大型国际活动、事件来巩固和提升自身在欧洲城市中的城市地位。最为引人注目的是2003年莱比锡作为唯一的东德城市参与2012年的奥运会申办，尽管最终没入选五座举办城市，但是在申办过程当中当地媒体的大量宣传对于正在复兴中的城市和其市民来说是极大的鼓舞，提升了市民对于城市复兴的信心。根据德国消费者协会于2003年对莱比锡市民的调查显示，92%的市民对于他们的城市将举办奥运会表示支持，莱比锡还成为德国世界杯东德唯一的举办城市，此外，2020年的"欧洲文化之都"竞选莱比锡也积极参加。

【地方特色文化营销】

莱比锡城市政府和市民组织围绕城市特色营销开展了两种卓有成效的文化品牌营销打造行动。

第一种是由政府组织发起的以音乐家巴赫为核心的"音乐文化之城"目标行动，利用莱比锡作为巴赫和门德尔松等古典音乐人物居住地优势，举办一年一度为期三个月的"莱比锡巴赫节"，每期数百场形色各样、票价多样的圣诞唱会、爵士乐会、室内音乐会、露天活动吸引超过数万名市内外参与者。

在城市文化氛围复苏的整体背景下孕育出了自下而上的由市民自发形成的文化组织，最著名的是公私合作的"自由之都莱比锡"民间组织，以推广本土音乐和提升城市形象为目标，培育家乡归属感和"城市粉丝"，设计城市文化历史游览路线、帮助宣传策划莱比锡音乐节、举办城市粉丝广播等。

【城市创意经济和创意氛围的营造】

莱比锡创造性地利用城市的废弃地、建筑空间，变成城市创意产业的孕育器，将原先的城市孔洞和灰色空间转为最富创意、最有创意经济活力和安全、具有吸引力的城市区域。

第一种典型形式是"艺术入驻废弃的工业地、建筑空间"，最为著名的案例是在政府政策允许、支持下创意产业团体自发低价购买废弃的莱比锡旧棉纺织厂，改造成艺术园区"spinnerei"，艺术工作室、艺术商店、画廊、酒吧和餐厅接踵而来，莱比锡最重要的艺术场馆和各类企业随后全部搬迁至此。

第二种是"艺术入驻废弃空置的居民住宅"，政府制定了对于空置房再利用的艺术化途径，如临时性、低租金将大型空置住宅用于艺术工作室和艺术展览活动，无租金、有条件将普通居民住宅用于艺术家宿舍和工作坊，助推了社区艺术化和社会网络资本生长。

第三种是在整体创意和艺术氛围的熏陶感染下拓展出的新艺术经济形式——艺术机构的诞生。如莱比锡视觉艺术学院，并进一步和城市复兴的文化氛围孕育出了新莱比锡画派，在国际上大展风采。

莱比锡艺术园区"spinnerei"

"莱比锡巴赫音乐节"宣传海报

资料来源：
Florentin D, The "Perforated City": Leipzig's Model of Urban Shrinkage Management[J]. Berkeley Planning Journal,2012,23(1): 83-98

资料来源：
Leipziger govrement. Spinnerei[EB/OL].http://www.leipziger-freiheit.de

资料来源：
Leipziger govrement. Musician poster[EB/OL]. http://www.bach-leipzig.de

Cover Story | 封面故事

实现逆转：整体效果评价

纵观莱比锡的收缩城市复兴实践，经过前期实践失败后，重新确定复兴目标和策略的1990年代末是莱比锡整体复兴历程中的逆转点。

莱比锡以"生活环境改善"、"文化形象重塑"、"经济就业复苏"为主要策略内容并辅以"多渠道资金保障"和"公共参与合作"的实施机制的城市复兴实践，在经济、空间、社会和文化多层面发挥了显著的作用，成功抑制并扭转了衰退局势。

自1999年起，莱比锡城市人口衰退趋势得到抑制，城市人口数量由于人口的迁入和迁出的逐渐平衡而趋于稳定，并开始逐步回升。此外，城市中心区再城市化效果显著，郊区化得到有效抑制，自1998年起有6万人回归居住，除了住宅相对西德的竞争优势，中心城区整体环境的改善和政府对于郊区交通设施投资的降低均是主要原因。在新增的人口中，年轻人（18-30岁）是主要的迁入人群，大学和高等学校是吸引年轻人迁入的主要因素，这一积极的迁入趋势对于抑制人口老龄化、提升城市活力有显著作用，而且，这些新迁入人群的受教育比例和中产阶级家庭比例相较于长期居民来说也更高，属于经济活跃群体。但是在社会融合与就业市场优化方面的复兴效果仍然相对微弱，这将是莱比锡继续坚持复兴政策的下一个重点关注领域。

2005年，莱比锡被评选为"具有新兴发展潜力的东德大城市"。

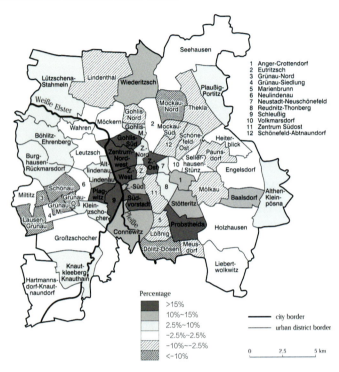

莱比锡城市区域人口变化趋势（2000-2005）

资料来源：
Plger, J. Leipzig City Report. Center for analysis for social exclusion[R]. Europe commision, 2007.

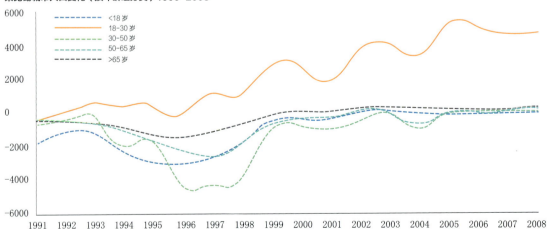

莱比锡城市人口变化（按年龄组分类）1990-2008

回顾总结：收缩城市的复兴策略关键点

"增长"向"调整"转变的城市发展观念

莱比锡在1990年代前期"无视衰退、坚持增长"的复兴模式实践的失败，证实了基于大量大规模项目建设的"增长导向"的城市发展模式，对于发展资本薄弱的衰退型城市是不切实际的，会使得城市陷入繁重的整体负担中，加重衰退局面。调整后的复兴策略放弃原先对城市人口、经济规模的单一"数量"关注，转为收缩后人口对经济、环境、居住、文化等再适应的"质量"关注，即"调整导向的城市衰退管理模式"。

顺应衰退、具有前瞻性的环境改善

拒绝将中心区大量衰退、空置的住宅、工业用地填补具体功能的传统做法，而是结合衰退型城市对社区型公共空间需求度提升的现实，顺应"孔洞化"，倡导"更多的绿地、更少的密度"，对其进行公共化和绿地化的临时利用，构建游憩公园体系，成功改善了中心区环境品质，增强了吸引力。

重视城市文化营销

城市复兴的根本途径是最大化城市的吸引力和竞争力。相比于直接改善被边缘化的经济地位和提升低迷的土地价值等高难度措施，城市文化营销相对投资较少、调控灵活、拥有更大的回报潜力，是助推衰退型城市竞争力和吸引力提升更为实际的选择。莱比锡实施的"文化形象重塑"带来了多元化的积极效应："城市中心文化区"的建设增强了城市文化氛围，提高了对年轻人的吸引力；依靠"机会主义"的国际文化旗舰活动举办，使得处于全球经济弱势地位的莱比锡在国际舞台上得到宣传；旧工业和社区空间的再艺术化增强了城市艺术文化的社会网络资产，催生了"新莱比锡画派"。宝马公司将"吸引人的整体文化氛围"列入其选择莱比锡的重要原因，可见城市整体文化形象提升能够吸引潜在投资者，增加投资机会。

就业优先与产业升级兼顾

衰退型城市在经济领域的复兴策略面临极其艰难的两难困境：是优先考虑高失业率现实提出的增加就业、优化就业市场的要求，还是优先考虑在竞争加剧的"新经济"背景下向高附加值产业转型的要求。莱比锡选择了两者兼顾，优先优化就业市场，通过投资环境和创业，鼓励与支持构建一个能够提供大量就业岗位且规模混合的企业体系，与此同时，扶持和增强有创造性、高附加值、高新技术的新型经济，增强整体产业竞争力。此外，与在城市复兴中忽视城市传统产业不同（如格拉斯哥市复兴策略），莱比锡始终坚持巩固传统优势产业。

充分挖掘被忽视的资源

看似废弃无用的设施、土地等可转变为极具社会经济层面价值的独特资源，莱比锡对废弃的采矿场进行灌溉形成水上娱乐休闲区，推广了城市的历史文化遗产，增强了市民的城市认知，产生了文化价值，功能重置又增加了它的使用价值、生态价值，成为休闲经济下的优质文化和环境消费品。

（作者单位：江苏省城镇化和城乡规划研究中心）

莱比锡俯瞰

资料来源：
Sunjinlongzhi. 莱比锡俯瞰图片 [EB/OL]. http://www.nipic.com/show/9937624.html

拉美蝶变
—— 贫民窟，向往新的城市变迁

□ 整理 邵玉宁

拉丁美洲和加勒比地区这片空旷贫瘠却又人口稠密的土地上，约有 80% 的人生活在城市。这里的城镇化被认为是"过度的城镇化"，是"落入陷阱的城镇化"，是贫困和落后的根源。

在经历了一个多世纪快速城镇化之后，拉丁美洲及加勒比地区正站在了一个转折点上。未来的十年，这一地区城市发展的可持续力，将寄望于当前各国政府所做的努力。

从人口统计学的角度来说，城市扩张的时代已经终结。

从 2000 年开始，每年城市人口的增长率已经低于 2%。得益于人口红利的驱动，就业率大幅上升，大规模的投资蜂拥而至。城市，开始逐渐由规模的快速膨胀转向发展质量的提升与改善。住房与基础设施的短缺问题得以解决，城市空间质量明显改善，公共设施服务水平大幅提升……在这个区域内，越来越多的核心城市在全球经济中发挥着重要的作用，众多二线城市的经济潜力得以显现。

贫民窟的变迁是一面镜子，这意味着拉丁美洲和加勒比地区有可能走出数十年来发展落后、贫富差距大以及不可持续发展的局面，开启城市发展的新篇章。

这不是一个简单的、把人从乡村转移到城市的过程，而是一个从根本上提高城市生活质量的过程。

一个全新的城镇化模式正在拉丁美洲和加勒比地区诞生。这个模式将更加强调社会的包容性，更加强调以人为本。在这个模式的推动下，拉丁美洲与加勒比地区将实现就业吸纳能力的大幅上升，社会文化的多样融合，生态环境的可持续发展以及公共空间的保护和复兴。

资料来源：
City Alliance. Upgrading in Sao Paulo, Brazil: BrazilParaisopolisSkateboarder [EB/OL].(2012-11-17)[2014-09-19].http://www.citiesalliance.org/sites/citiesalliance.org/files/images/Brazil_Paraisopolis_Skateboarder_0.jpg

Facts —— 关于拉美城镇化的几个事实

"人口爆炸"时代的结束

1950-1990 年间，拉美地区经历了快速的城镇化进程，城镇化率迅速地从 40% 提升到 70%。在不同的区域和国家间，城镇化水平存在显著的差异。由于不同国家对于城市的定义和社会经济发展水平存在很大不同，各国城镇化率差别显著。在阿根廷、乌拉圭和委内瑞拉，早在 1950 年代城镇化水平已超过 50%，而厄瓜多尔和巴拉圭直到 25 年后也尚未突破这一水平。

1990 年之后，拉美地区的城镇人口比重仍在上升，但增速显著放缓。在经历了半个多世纪的迅速增长之后，拉美地区人口爆炸的时代，已告终结。

资料来源：
United Nations Human Settlements Programme. The State of Latin Americanand Caribbean Cities 2012: Towards a new urban transition[R]. UNHABITAT, 2012

1950 年拉丁美洲 2 万人以上城市分布

2010 年拉丁美洲 2 万人以上城市分布

新移民结构的构建

历史上，拉丁美洲和加勒比地区曾是外来移民的主要目的地，而到 20 世纪下半叶，却成为人口净流出地区。据统计，2010 年，拉丁美洲和加勒比地区约超过 3000 万人 (5.2%) 移民国外。与此同时，拉丁美洲和加勒比地区的国家也吸纳了 750 万的外来移民（占该地区人口的 1.3%）。

在过去的五十年中，城乡间的人口流动是城市发展的主要动力。而如今，这种流动已趋于弱化。在 1980 年代，人口的城乡迁徙使城镇人口增长了 36.6 个百分点；而到 1990 年，这一份额降低了 33.7 个百分点。

与此同时，不同规模的城市间，人口迁移却更加多元化。500 万以上人口的特大城市，已开始呈现人口净流出的趋势。特大城市的中心性在逐渐下降，而中等城市和大城市的人口规模和城市功能将进一步凸显。

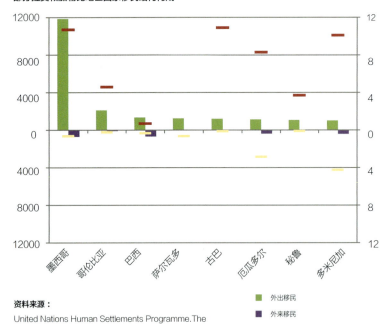

部分拉美和加勒比地区国家移民结构构成

资料来源：
United Nations Human Settlements Programme.The State of Latin Americanand Caribbean Cities 2012: Towards a new urban transition[R].UNHABITAT, 2012

二级城市的重要性

拉丁美洲和加勒比地区的人口主要集聚在少数几个城市中，这些城市通常也垄断了财富、社会和行政功能。然而，近几十年来人口向中小城市的分流，为这一区域城镇体系结构的再平衡和多元化提供了可能。在拉丁美洲和加勒比地区，特大城市占据了约14%的城镇人口（6500万），但与此同时，超过一半的城镇人口生活在不足百万人口的城市。

比城市的绝对数量和规模更重要的是城市成长的速度和方式。自从20世纪70年代以来，拉丁美洲和加勒比地区大城市的人口增长并不显著，而在过去的十年中，一百万以下人口的城市增长最快。

城市数量的增长和大小的差异对于城镇体系结构平衡和城市发展政策制定有着重要意义。中小城市的迅速崛起意味着一个多元化的城市网络和平衡的城镇体系正在形成。

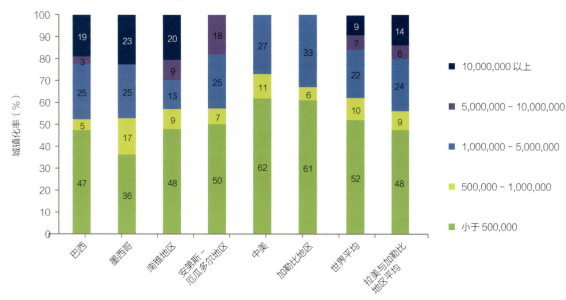

部分国家城镇人口在不同等级城市的分布情况

资料来源：
United Nations Human Settlements Programme. The State of Latin Americanand Caribbean Cities 2012: Towards a new urban transition[R]. UNHABITAT, 2012

持续扩张的城市空间

近年来，城市经济的发展和空间的扩张主要表现在大都市区和城市发展走廊的出现。在很多城市，城市扩张已经超出原有的城市边界，使得卫星城与其他城市中心相互融合，形成多中心的大都市地区。在过去的十年中，大城市中心区人口的密度在逐渐降低，而在空间上的人口分布则呈现出蔓延扩张的趋势。

全球化也给这一地区的中小城市带来了更多机会。随着国际贸易增长，法律、财政和政治环境不断优化，使得这一地区城市扩张的因素是复杂的，规划管控、交通运输、住房和基础设施供给、土地价格、就业机会、公共服务质量和生活方式等均影响着城市空间的蔓延。非正规的城镇化进程，正是由于市场失灵，导致城市治理和社会保障体系的失灵。这种扩张将加剧低水平城镇化，使更多人陷入贫困陷阱，在空间上的直观表现，便是贫民窟。

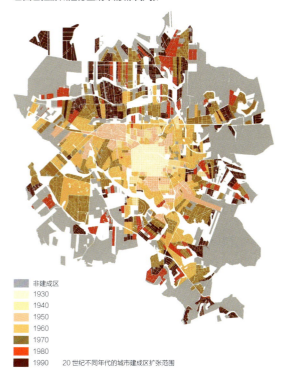

巴西巴拉那州隆德里纳市的城市扩张

20世纪不同年代的城市建成区扩张范围

Cover Story | 封面故事

$\mathcal{D}iscover$ —— 走进贫民窟

> "这是最好的时代,这是最坏的时代;这是智慧的时代,这是愚蠢的时代;这是信仰的时期,这是怀疑的时期;这是光明的季节,这是黑暗的季节;这是希望之春,这是失望之冬;人们面前有着各样事物,人们面前一无所有;人们正在直登天堂;人们正在直下地狱。"——[法]狄更斯

贫民窟,被称为城市的"肿瘤"、"伤疤"和"城市病"的根源。在固有印象中,人们痛恨贫民窟,因为它是拉丁美洲与加勒比地区过度城镇化的产物,是贫困、犯罪和落后的象征。然而当我们走进贫民窟,却会发现过去那个落后的贫民窟正在渐渐发生变化。贫民窟的变迁是一面镜子,折射出拉丁美洲和加勒比地区有可能走出数十年来发展落后,贫富差距加大以及不可持续发展的局面,转而进入一个新的城市变迁阶段。

这不是将人从乡村转移到城市的简单过程,而是一个从根本上提高城市生活质量的过程。

据统计,全世界约有10亿人口居住在贫民窟,其中超过15%居住在拉丁美洲和加勒比地区。目前,拉美国家住宅缺口约在5000万户。这一数据仍在以每年100~150万户速度增长。城市中的贫困阶层采用非正规方式解决了住房问题,但是给拉美各国的城市化带来巨大负面影响。大部分非正规住房集中在城市边缘地带尤其是多山的区域,自然灾害频发,疾病和犯罪时刻威胁着居民的生命安全。

联合国关于贫民窟的定义

联合国人居署将贫民窟家庭定义为在城市地区居住在一起的居民,其生活环境缺乏下列一个或多个条件:
1. 房屋是牢固、永久的并且能防止恶劣天气条件的。
2. 拥有足够的居住空间,这里指少于3个人分享一个房间。
3. 能简单地以合理的价格获得足够的饮用水。
4. 有充足的卫生设施:有私人厕所或公共厕所(合理的人数)。
5. 有安全机制防止被强行驱逐。

不同的贫民窟,其贫困程度和生活条件是不同的。

鉴于满足不同的文化语境的难度,国际机构一般宽泛地使用术语"非正规住区"、"贫民窟"和"边缘社区"。

资料来源:
(左图)HZY 网易博客.深圳城中村之一·外貌[EB/OL].(2012-04-21)[2014-09-23]. http://flashout.blog.163.com/blog/static/186425284201232111819806/.
(右图)搜狐焦点.租赁中国:1.6亿人的斑斓生活[EB/OL].(2012-11-17)[2014-09-19]. http://sz.focus.cn/fztdir/zulincn/

vs 棚户区

棚户区一般是指建设历史较长、环境品质退化的老城区,多位于城市的老中心区、老工业区和老矿区,是由于产业转型和体制改革形成的低收入城市户籍人口住区,在我国老工业基地城市表现最为突出。

vs 城中村

城中村是由于城市的快速扩张,被包围在城市建成区内的农村行政村,多位于城市边缘区,是城乡流动人口聚居区域,在我国珠江三角洲、长江三角洲、北京等地分布最为密集。

Montage —— 贫民窟蒙太奇

封面故事 | Cover Story

大都市里的学者，也许对贫民窟的调研工作有着各种浪漫的想象。脚踏实地地走在贫民窟的街道中——如果你称其为街道的话——不悦的体验几天之后仍旧不肯黯淡。对于外部前来的解救，人们的眼神中闪烁出逐渐褪色的光。消除贫民窟的口号说了几十年，耐心消耗成愤怒，疾病演化成噩运。尽管如此，"它不是一个旅游景点"的说法似乎也很难完全说服纷至沓来的外国人。他们来了又走，如同橡皮泥扔到地上，既不弹起，也没有声音，拔起来后也丝毫不留痕迹。翻开40年前对贫民窟的描写，其景象居然与今日无异：灰尘和油烟混杂在空气中；堆积如山的垃圾艰难地腾出狭窄泥泞的道路；人和牲口并肩前行，从破败的墙壁里跑出来的家禽喝着填满垃圾的水；棱角锋利的铁皮屋顶摇摇欲坠，同一块屋檐下面不知道住着多少人；屋边竖立着的巨大水箱往往空空荡荡；村子间隔着一条河，每年都会泛滥，穿过河道的排水管同时担当着桥梁的作用，由于压力过大而四处溢水……

一个"窟"字，让穷人聚居区域的社会价值一落千丈。贫民窟的故事不算新鲜，前赴后继。1960年代的南非，由于政府强行征收过高的农业税，致使大批农民宁可来到城市中挨饿；越南战争时期，为了防止越军学习"农村包围城市"的战术，美军采取了一种"强制城市化"的策略，即大批轰炸农村，致使难民涌入城市，形成了维系至今的越南贫民窟景观。不论是哪一种贫民窟，人们脑海中的风景大致相同，资源匮乏，卫生条件极差，危机四伏。迈克·戴维斯（Mike Davis）在《布满贫民窟的星球》中声称，几乎所有的贫民窟都产生于强势的政策对居民的背叛；有时候，政府想尽一切办法阻止穷人来到城市，或在打开大门后，又递给他们失望。

拆迁？早在几十年前就证明这样的办法行不通。最大的误区在于，在规划师和城市管理者看来，贫民窟成了衰败的城市空间，演化成城市的肿瘤；而对居民来说，这里是他们的家，几乎是现实世界在有限资源下能够提供的最佳选择。

历史上也有大规模的补贴项目，从世界银行到地方财政都雄心勃勃发话要大量治理贫民窟，但最终大概都是失败的。补贴往往没有落到实处，钱和房屋总是达不到贫困的细枝末梢。这一状况久久无法改变，确实因为在资本社会里，资源只会向资源靠拢，有限的资源也大多攥在比较富裕的一帮人手里。

自上而下的办法行不通，于是一些"先驱者"进入了贫民窟，大量了解当地的生活。约翰·特纳（John Turner）和他的追随者们，纠正了对贫民窟的偏见，也带来了一种新的理念：贫民窟充满劳动力，亦即充满希望。可是冷静的西布鲁克（Seabrook）在《南半球的城市》中提醒道，我们不能从一个极端走向另一个极端——过去我们认为贫民窟是犯罪、疾病、绝望，现在则以为它完全可以照顾好自己。

贫民窟的问题是整个社会的问题。从最高政府到社区组织，只有作为一个完整的躯体运动起来，才能解决贫民窟这一局部的问题。自下而上来说，地方性的社区组织将从一点一滴做起。它们像细小的支流缓缓抚平城市的创伤，只是在很长一段时间里，城市是穷人的战场这一事实恐怕很难改变。

> "一个'窟'字，让穷人聚居区域的社会价值一落千丈。贫民窟的故事不算新鲜，前赴后继。……几乎所有的贫民窟都产生于强势的政策对居民的背叛；有时候，政府想尽一切办法阻止穷人来到城市，或在打开大门后，又递给他们失望。"

资料来源：
黄正骊. 穷人的战场 [J]. 城市中国 .10（18）.2011

资料来源：
NainaGupta.Slums - The Catacombs for Poor [EB/OL].(2011-06-24) [2014-09-24].http://theviewspaper.net/slums-the-catacombs-for-poor/

Changes —— 贫民窟蝶变

在过去的 20 年里，拉美地区的住房条件得到了明显的改善。政府通过采取有力的措施有效提高了居住条件，但是住房供应仍严重不足。

房屋不仅是一片遮风避雨的屋顶，更是支撑起一个家庭的地方。对于许多人来说，这是他们最重要的资产，有时，也是情感的寄托。这是一个家庭一生中最大的投资，也是他们最经常使用和赖以生存的资源。住房是城市最基本的单元。它决定了社区、交通需求、公共服务，以及在更大尺度上的，我们与这个城市和外界环境的关系。

在过去的 20 年中，居住在贫民窟的城镇人口所占比重下降了 9 个百分点。但这并不足以降低居住在贫民窟中人口的绝对数量，20 年来，贫民窟居民数量从 1.06 亿人增长至 1.11 亿人。

在当前拉丁美洲和加勒比地区国家的实践中，主要围绕着"量"的控制和"质"的提升两方面，广泛地应用了财政金融、社会文化、物质空间建设等多个方面的举措，从而建立一个与正规城市空间相似的维护与管理机制。

哥伦比亚和巴西：住房补贴

哥伦比亚于 1991 年建立了用于公共住房补贴的制度与金融框架，主要用于购买新的住房。补贴覆盖两部分群体：优先为最贫穷的家庭提供住房，以及为资源有限的家庭提供经济适用房。补贴金额由一个专门设立的社会项目受益人评估系统 (SIBEN) 采用经济手段予以评估。

根据美洲开发银行评估，在哥伦比亚只有 15% 的家庭有经济能力承担抵押贷款的成本。尽管享受了津贴，住房成本和银行信贷仍占据家庭基本消费需求的 25%，这意味着住房仍是导致贫困的主要原因。

2009 年，巴西政府启动了国家项目"我的房子，我的生活"，计划在两年内建立 100 万套房屋。该项目根据收入水平提供各种类型的房屋。

该计划将补贴和保障房可偿还的贷款融资相结合。已经建成了超过 33.8 万套房屋，并且在最开始的两年中实现超过 100 万套房屋契约的拟定。该计划拉动了 280 亿美元的投资，并创造了 66.5 万个新的就业机会。

这个项目被认为是巴西一个成功的住房政策实践。但其仍面临挑战，比如如何创建更为紧凑、综合和可持续的城市公共服务，这些问题计划将在项目的第二阶段得以解决。

里约热内卢：让贫民窟融入正规城市

1994 年，里约热内卢市政府开始实施"贫民窟改善"计划，这是一项致力于改善该市不同区域的非正规聚居区（贫民窟）物质生活条件的行动。这项计划旨在通过基础设施的改善、提高公共服务水平、增加公共空间和复合利用等途径，改善贫民区的物质和社会环境，而不是仅仅改善住宅条件。

2010 年，"莫勒卡里奥卡"行动计划开始实施，这项计划主要针对物质空间和社会包容性，预计到 2020 年，里约热内卢所有的贫民窟与城市生活能够实现社会与空间上的融合。该项目的目标是针对贫民窟改善的初步阶段，全面建立长期的城市规划体系和环境可持续机制。

封面故事 | Cover Story

近年来，拉丁美洲和加勒比地区国家在提升公共服务设施水平方面取得了显著成效。城市垃圾处理与转运、污水处理、卫生设施建设等方面均有提升。但目前拉丁美洲和加勒比地区国家仍然面临着设施质量、效率和服务可持续性的问题，尤其对于居住在贫民窟的贫困人口来说，这些问题仍然是亟待改善的重点。

科恰班巴：可持续使用的分散式卫生设施

玻利维亚科恰班巴市共有居民61.8万人，近年来外来移民的涌入使得大量外来人口集聚在半城镇化地区。位于阿尔巴牧场的污水处理厂无法满足处理需求，而受制于地形和距离，现有污水厂无法扩建。

在位于科恰班巴市区40分钟车程的洛马斯社区，150个家庭只能使用露天厕所。许多家庭的污水直接排放到街道上，污染着土壤，导致严重的健康隐患。

市政府连同地方社区在联合国人居署的支持下构建了由分散式污水处理设施构成的城市卫生系统，为220个家庭带去了福音。这项设施，通过利用人造湿地，不仅开创了一项前所未有的服务，同时缓解了中心城区的压力。这个系统能够快捷地就地处理污水，消除污染和异味。这一模式在城市周边的半城镇化地区具有较强的可行性，它便于居民自行管理，减少地方设施管理的障碍。处理后的中水可用于灌溉社区的绿化和林木。

洪都拉斯伦皮拉港：社区的卫生服务

伦皮拉港位于拉古纳卡拉塔斯卡沿岸，属于沿海湿地生物保护区，是一个拥有1.5万人居民的社区。历史上的伦皮拉港经历了显著的城市扩张与人口增长，卫生垃圾也随之增长迅速。垃圾在田野和湖畔燃烧倾倒，此外还时刻面临海洋垃圾（煤炭、石油和塑料）的污染。

面对这一严重的问题，土著米斯基托人妇女协会（MIMAT）提出了一项用于分类垃圾、治理中心镇与湖泊的计划。项目不仅创造了土著妇女的工作岗位，同时也降低了登革热和疟疾的发病率。自2006年开始，该协会已扩大了这项活动，将资源回收的理念纳入其中，为社区工作的有效性提供了示范。

这项计划，已经得到多项财政支持和捐助，有效促进了地方社区工作与公共机构的协调。MIMAT已经得到国际社会的认可，并在2011至2013年间将其服务工作扩大到周边社区。

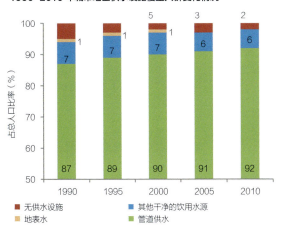

1990-2010年城市地区供水设施覆盖人群变化情况

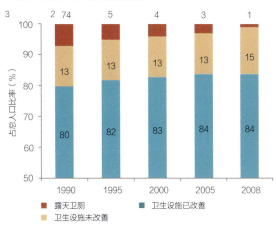

1990-2010年卫生设施改善情况

资料来源：
United Nations Human Settlements Programme. The State of Latin American and Caribbean Cities 2012: Towards a new urban transition[R]. UNHABITAT, 2012

Cover Story | 封面故事

城市交通对于社会和经济发展来说是至关重要的，它影响了人们对于各类服务设施、工作机会、教育、社会管理的可达性，影响了他们对城市生活的享受度。在城市发展的其他方面，交通系统展现了一个地区基础设施和社会组织的成熟程度、覆盖率和服务质量。对于拉丁美洲和加勒比地区而言，一个高效的交通系统能够促进形成可持续的城市发展模式。

拉丁美洲和加勒比地区的城市交通具有两大特征：一是公共交通、步行和自行车交通至关重要；二是这一地区不可避免的，面临着交通机动化和拥堵的影响。

波哥大等地区：为慢行人士所做的努力

在一些拉美国家，灵活的交通模式得以发展。例如波哥大和智利圣地亚哥规划建设了数百公里的自行车道。在布宜诺斯艾利斯、里约热内卢和墨西哥，地铁站的安全岛设有安全的自行车停放站和公共自行车租赁处。此外，一些关于减缓城市中心区交通速度以及周末临时关闭城市干道的举措也得以实施。

在波哥大，一些关于培养慢行意识的项目开始逐渐兴起，从而鼓励人们更加关注和尊重慢行人群和公共空间。一些举措尽管仍处于起步阶段，也在不断推动更公平的街道空间的分配。

金士顿大都市区：非正规交通

在50年代，金士顿的公交服务由一个私营公司"牙买加综合服务（JOS）公司"运营。十年之后，随着乘客和收入的下降，加上政府的限价，导致了服务供给规模和服务水平的下降。这直接导致了非正规运营商涌入市场。截至2008年，金士顿都市区有将近2500名非正规运营商，意味着JOS公交公司每天损失约15万名乘客。这些非正规运营商导致了激烈的竞争，以及过度拥挤和交通危险等问题。

1974年，当局政府试图采取措施改善这一局面。各项改革得以出台，通过规范城市交通，允许特许经营权招标，使非正式运营商合法化。质优价廉的服务使得非正规运营商数量显著下降。但是，目前仍存在着无法按时按点运送、机构管理能力不足、运营商财力不足等问题。当地对于非正规运营商的整顿，仍在不断尝试和努力中。

资料来源：

（左图）UITP.Brazil's public transport project line-up[EB/OL].(2014-07-02)[2014-09-21]. http://www.uitp.org/brazil%E2%80%99s-public-transport-project-line

（右图）United Nations Human Settlements Programme.The State of Latin Americanand Caribbean Cities 2012: Towards a new urban transition[R].UNHABITAT, 2012

大型赛事促进巴西公交设施建设

拉丁美洲部分城市交通方式结构

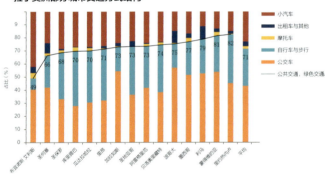

封面故事 | Cover Story

公共空间是人们交往的地方，是人们共同享有、共同构建社会联系的地方。公共空间，以及其所包含的社会功能、制度功能、环境功能、流动性和娱乐功能，是这个城市骨架的组成部分。对于拥挤的贫民窟而言，公共空间是宝贵而具有特殊意义的，它带有更多的人文情怀，这对于具有悠久历史的拉丁美洲和加勒比地区而言，显得尤为重要。

贫民窟的居民，究竟需要怎样的公共空间？

波哥达、瓜达拉哈拉、利马和拉巴斯等城市，专门成立了公民监管委员会，用于监管市政管理和决策制定。这些组织已纳入拉丁美洲公平和可持续城市网络。该网络已包含九个国家（阿根廷、巴西、智利、哥伦比亚、厄瓜多尔、墨西哥、巴拉圭、秘鲁、乌拉圭）的37个相关机构。

该机构通过一系列定量和定性的指标体系，从公共和行人利益的角度监测和评估公共空间的条件和质量，主要包括：

· "快速公交"的运输网络，慢行通道的改善和覆盖率的提升；
· 人均公共空间面积；
· 用户对人行道和隔离带环境的评价；
· 公民对公园和绿色空间、社区道路、公共空间的照明、公共交通、交通网络和交通管理的评级。

哈瓦那和基多：再生的历史中心

1993年，世界文化遗产之一的古巴哈瓦那历史城区，集聚了大量的低收入人群，这里也因其破旧不堪而被列为优先保护的区域。针对该区域的住房再生计划，规划到2005年重建300座房屋，优先解决住房、交通、医疗设施、学校和社区中心的建设。资金的来源包括了政府、酒店业、房地产、捐赠、国际合作基金和工人基金。再生计划同时改善了社会和文化旅游设施与服务。项目恢复了中心城区的历史遗产，同时保留了居住功能，促进了经济发展，并激发古巴其他城市相继出台类似举措。

在基多的历史街区，1994年当地政府编制规划，用于改善当地的交通情况。通过地方和国际融资以及民营资本的注入，重点建立了针对空置房屋的再生机制，对社会保障性住房和私人住房予以一定的公共补贴，目标是实现居民的多元化融合。通过供水、卫生设施的改善，建筑的物质空间得以修缮，从而也改善了居民的生活水平。

墨西哥：拯救公共空间项目

墨西哥政府2007年启动了"拯救公共空间"项目。其最新的评估结果显示出对贫困和治安问题的积极影响。

2006年和2008年的两次社会调查显示，民众认为墨西哥的公共空间是不安全的，过度开发，维护缺失，无法满足民众娱乐和休闲的需求，成为各种犯罪行为的温床。

救援计划主要针对5万人以上的城市地区，主要针对公园、广场、运动场和花园等公共空间，通过一系列的社会活动，促进社区组织广泛参与。同时鼓励受益群体参与其中。

到2010年，全国共有1620个公共空间加入到这一援助计划中。统计显示，每个公共空间的开发大约能带动5000人的就业，同时产生包括教育、商业、体育、文化和艺术等多方面的影响。

（作者单位：江苏省城镇化和城乡规划研究中心）

非洲崛起

□ 整理 孙华灿

今天非洲的大城市很多是殖民统治时代建立和发展起来的。西方殖民主义长期统治的历史遗留，使得独立后的很多国家在现代化进程中产生了许多严重的城市问题。在21世纪，这一现象或许会大为改观。联合国发布的《2014年世界经济形势与展望》认为，在发展中国家，非洲的增长前景较为乐观。随着全球经济和国内商业环境的改善、与新兴国家的贸易和投资联系加强、基础设施的改善、经济治理水平的提高以及区域一体化进程的加快，非洲的城市化再次吸引了世界关注的目光。

Cover Story | 封面故事

资料来源：
（左图）GDP 增长率：http://afrographique.tumblr.com/post/12237358311/african-gpd-growth-rates-in-2010-data-from-the
（右图）二氧化碳：http://afrographique.tumblr.com/post/85612160539/infographic-depicting-the-largest-co2-emitting

非洲 GDP 增长率（2010）

非洲二氧化碳排放量（2009）

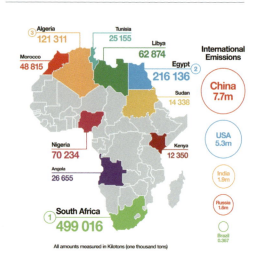

资料来源：
（左图）非洲旅游：http://afrographique.tumblr.com/post/7269821198/an-infographic-of-the-largest-numbers-of-tourist
（右图）移动电话：http://afrographique.tumblr.com/post/81568822690/african-mobile-subscription-user-numbers-data

非洲游客分布（2011）

非洲移动电话拥有量（2013）

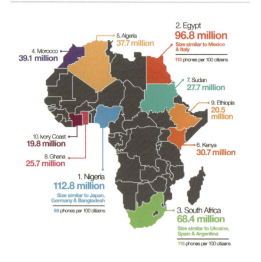

资料来源：
（左图）能源消耗：http://afrographique.tumblr.com/post/4614849331/infographic-charting-annual-power-consumption-per
（右图）网络审查：http://afrographique.tumblr.com/post/96527785004/african-internet-censorship-an-infographic

非洲能源消耗（2009）

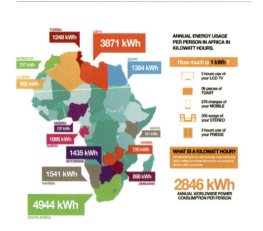

非洲网络审查（2012）

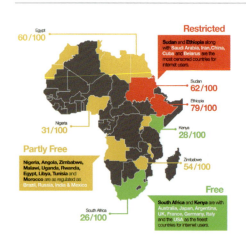

西方殖民：非洲现代城镇形成的重要因缘

殖民城市兴起

非洲是西方殖民者最早侵入的大陆，也是他们最晚进入的大陆。新航路的开辟让非洲成为欧洲列强觊觎的对象。1415年，葡萄牙在北非休达建立第一个殖民据点，西方殖民主义开始向非洲渗透。为了掠取非洲象牙、黄金和奴隶，16~19世纪前半叶，西班牙、葡萄牙等殖民者先后涉足地中海沿岸和热带非洲以南，对休达、丹吉尔、菲斯、基尔瓦、摩加迪沙、桑给巴尔等沿海城镇强行占领，并在西非的拉各斯、阿克拉、波多诺伏、维达、比绍，中非的罗安达、本格拉，东非的蒙巴萨，南非的开普敦等地广布贸易、军事、政治性殖民据点，这些沿海据点日后多发展至一定规模，成为沿海主要城市；而穿越撒哈拉沙漠的商路沿线古老内陆城镇如马里的通布图（廷巴克图）、加奥、杰内等则受沿海殖民贸易的影响相对衰落。19世纪后半叶后，欧洲各国殖民主义势力从沿海大举入侵非洲内陆，非洲各国几乎全部沦为殖民地。随着殖民主义者在非洲各地任意修筑铁路，开发矿山，经营种植园，兴起一批殖民主义类型的城镇。非洲许多国家首都，如达喀尔（1861）、班吉（1980）、科托努、利伯维尔（1849）、雅温得（1888）、亚的斯贝巴（1887）、金萨沙（1881）、达拉斯萨拉姆（1862）、内罗毕（1899）、卡帕拉、哈拉雷（1890）、科纳克里（1895）、阿比让（1928），几十个主要工矿、商业交通和行政中心，如捷斯（塞内加尔）、布瓦凯（科特迪瓦）、塔马利（加纳）、卡杜纳和埃努古（尼日利亚）、卡南加和卢本巴希（扎伊尔）、姆万扎（坦桑尼亚）、约翰内斯堡（南非），大都建立或形成于这一时期。这个时期城市发展大大加快。据估计，在1920~1950年非洲城镇人口由1000万增至3100万，所占总人口比重由7%上升至14%，城镇数量、规模和地区分布，都发生显著变化，沿海地带城镇发展尤其迅速。以热带非洲为例，在19世纪中叶，较大规模城市几乎集中于尼日利亚西南部，中等城镇延伸于西非萨瓦纳带，而小居民点则分散于大西洋沿岸的圣路易（塞内加尔）－洛托比（安哥拉）和印度洋沿岸的摩加迪沙（索马里）－马普托（莫桑比克）地带。至20世纪中叶，尼日利亚西南部的伊巴丹虽仍为热带非洲最大城市，拥有50万人口（1950），但奥波莫绍、奥绍博、伊费、阿贝奥库塔和北部的卡诺、卡其纳、索科托、扎利亚人口都在5~50万之间；沿海城镇的发展更为突出，大西洋沿岸城市达喀尔、拉各斯人口也达25万，阿克拉与罗安达各约15万人，金沙萨20万人，东部沿海地带的亚的斯贝巴的人口略少于伊巴丹，喀土穆、内罗毕则超过10万人。与此同时，北非南部非洲由于原有城镇基础较好，在殖民主义的开拓、投资下，城镇发展超过热带非洲。如开罗、亚历山大、阿尔及尔的人口分别达246.6万、103.7万和44.5万（1950），南非的开普敦、约翰内斯堡分别达90.4万和62.1万（1950），其中开罗、亚历山大还步入世界特大城市的行列。

资料来源：
张建业.非洲城市化研究（1960年—至今）[D].上海师范大学,2008

航海时代的欧洲船只

西方殖民者在非洲

城市走廊

非洲沦为殖民地后，西方殖民者在非洲沿海地区设立了统治中心并修建了不少港口。在此基础上，发展起可以就近出口的农矿业和加工工业，形成了整个非洲的工农业高度密集于沿海地带的特点。这种殖民主义色彩浓重的城镇布局形态客观上促进了非洲独立后区域城市走廊的发展。

20世纪50、60年代以来，非洲城市化加速发展引起非洲城市形态与空间模式重大改变，主要表现为城市走廊的出现，如埃及北部三角洲城市区的开罗－苏伊士走廊，开罗－亚历山大走廊，开罗－伊斯梅利亚－塞得港走廊；伊巴丹－拉各斯－阿克拉城市区域的大伊巴丹－拉各斯－阿克拉城市走廊；东非城市走廊；南非豪登城市区域的比勒陀利亚－约翰内斯堡－威特沃特斯兰德－弗里尼欣城市走廊等。

从世界范围看，非洲城市走廊发展尚处于初级阶段，面临着城市沿走廊无序蔓延、协调机制不完善和地价飞涨等问题。尽管如此，在以高速公路为主的大型交通基础设施推动下，非洲城市走廊跨国化发展已成趋势。

非洲运输走廊（规划）

城市走廊是在全球化推动世界经济发展、城市化速度加快、城市空间转向大型化的背景下产生的一种城市空间形态，是凭借交通媒介联系城市区域的一种线状系统

北部三角洲城市区与大开罗城市走廊示意图

北部三角洲城市区与大开罗城市走廊

埃及的北部三角洲区域并非一个行政实体，而是被规划者和研究机构用来分析大开罗区域这个非洲最大的都市区在全国的角色的。尽管大开罗区域本身拥有强大的社会、经济和文化力，但是它不能离开更大范围的功能区域来分析。北部三角洲区域包含亚历山大、伊斯梅里尔、塞得港和苏伊士运河，亚历山大是埃及第二大文化中心，主要发展海事、工业和旅游，苏伊士运河和塞得港拥有重要的港口设施和工业设施。这些独立的经济力量，紧紧依靠着连接这些城市中心的交通走廊。

资料来源：
UN-HABITAT, The State of African Cities 2008—A Framework for Addressing Urban Challenges in Africa[R], Nairobi:UN-HABITAT,2008

大伊巴丹－拉各斯－阿克拉（GILA）城市廊道

崛起的 GILA 走廊

GILA是一个跨越了4个非洲国家的发展带：尼日利亚的伊巴丹和拉各斯，贝宁的科托努，多哥的洛美，加纳的阿克拉。其中，尼日利亚和加纳位列西非国家经济联合体首位。GILA被定位成区域经济发展的引擎，其发展潜力的实现不仅需要西非4国的主动投资，更需要作为经济整体的其他西非经济联合体国家的倾力支持。这个廊道上主要城市均距分布，每两个主要城市相隔150公里到200公里。拉各斯都市区是城市廊道向各个方向延伸的巨型区域城市群的中心。

援助与合作：非洲城镇发展的强大动力

非洲基础设施现状

近年来，非洲的经济发展取得了令人瞩目的成就，吸引着全世界的目光。尤其是在2011年全球经济陷入低迷的背景下，非洲经济仍保持相对较强增长势头，撒哈拉以南非洲保持了5.1%的增长率，且2012年增速加速至5.5%左右。可以说，作为发展中国家最集中的大陆，非洲未来发展前景良好。但基础设施落后，成为非洲经济实现持续增长、人民生活水平提高的严重阻碍。

第一，交通基础设施。据世界银行数据，撒哈拉以南非洲地区每千平方公里的公路密度仅为204公里，其中只有25%为铺面道路，远低于世界平均的944公里。交通基础设施落后的状况使非洲面临比其他发展中国家更高的运输成本，据统计，非洲的公路运输费用是其他国家的4倍。因此导致城市、地区之间互联互通程度较低，严重制约着非洲内部贸易发展。在目前非洲出口总量中，非洲国家间贸易所占比例不足10%，远远低于欧洲（60%）、北美洲（40%）和东盟国家（30%）的内部贸易水平。

第二，公用基础设施。据非洲开发银行数据，非洲只有65%的人口可以使用干净的水源，非洲大陆整体通电人口不足40%，在农村地区，通电率则更低，平均仅为12%。因此非洲用电成本是其他国家的2~3倍，手机服务价格也是其他地区的1.5倍。电力短缺对非洲经济发展影响最大。据世界银行估计，仅减少因电力供应不足而造成的损失就可使非洲GDP提高1~2个百分点。在塞内加尔，供电不足问题每年至少导致塞损失1000亿非郎的经济收入。有分析指出，非洲每年需要投资400亿美元用于发展电力项目才可满足当地人民生活和企业生产的需求。

第三，生活基础设施。据非洲开发银行数据，在非洲，只有不到40%的人口具有使用先进医疗设施的条件，互联网普及程度只有8%，远低于世界平均水平，固定电话的普及程度则更低。

非洲基础设施建设一瞥

资料来源：
http://www.skatelescope.org/wp-content/uploads/2011/04/KAPB_Oct13_Oberland-1024x292.png

非洲基础设施的需求

非洲各国及有关区域组织纷纷出台了进一步加大非洲基础设施投入的计划和措施。如为促进非洲基础设施发展,提高其互联互通程度,推进其区域一体化进程,非盟已于2012年1月通过《非洲基础设施发展规划》(PIDA),整合了2012-2040年非洲现有各类跨国跨区域基础设施发展规划,确定了跨国跨区域基础设施建设的项目规划、融资和总体实施框架。PIDA项目主要涵盖能源、交通、信息通讯和跨境水资源四大领域。PIDA投资总额预计为3600亿美元。其中已制定的近期阶段(2012–2020年)优先发展计划(PAP)项目约需680亿美元,从领域分配看,能源领域占59%,交通领域占38%,水资源领域占2%,信息通信领域占1%。据预测,PAP项目融资缺口达380亿美元,融资来源主要包括官方发展援助、现有基础设施融资合作机制、发行基础设施债券、向私营投资者提供政府担保以及次区域组织征收基础设施税等。

从各国情况看,2012年年初,南非财政部公布国内年度财政预算为1310亿美元,将优先用于基础设施领域的发展。南非计划在运输、燃料、水和能源基础设施上的主要工程项目达42个,涉及投资金额4200亿美元,预计在2015年前的资金投入达1110亿美元。津巴布韦计划发行债券募集基础设施建设资金,用于其国内基础设施的改造和修复。据非洲开发银行在2011年度报告中指出,津巴布韦至少有12800公里的公路需要修缮,而未来十年该国基础设施改造所需资金达到142亿美元。对于西非国家尼日利亚来说,想要到2020年跻身世界20大经济强国,要达到巴西现有基础设施水平,可能需投入超过1900亿美元的资金,这占尼日利亚现有GDP的60%。由于在经济增长减缓时期投资基础设施建设还能大力刺激经济发展,安哥拉、肯尼亚、莫桑比克、尼日利亚和塞内加尔也宣布了类似的计划,只是规模要小很多。

非洲基础设施建设资金缺口

有效资金投入不足是限制非洲基础设施建设步伐的首要问题。非洲基础设施的支出以17%的年增长率从1998年的30亿美元增至2008年的120亿美元,远远超过全球基础设施投资的增长幅度。这期间非洲私营部门和外资投资占全球总额的17%。这一增长很大程度上是由非OECD政府增加的投资推动,尤其是来自中国政府的投资。除传统资助国外,其他如巴西、中国、印度和众多阿拉伯国家近年来已成为非洲基础设施的主要投资人。此外私营部门仍是最大的单一资金来源。

尽管非洲基础设施投入增长显著,但要实现联合国千年发展目标,必须弥补的投资缺口还很大,仅撒哈拉以南的非洲地区就达1800多亿美元(2008-2014年)。另据渣打银行2012年初一份报告显示,非洲基础设施建设每年约需1000亿美元,而各国政府只能提供530亿美元,缺口高达470亿美元。

非洲国家基础设施建设面临的另一个挑战是人才的流失。目前非洲科学家和工程师数量仅占全世界总数的0.4%。然而,截至2007年却有60多万名非洲技术人员在发达国家效力。为了弥补人才的不足,非洲国家不得不以高薪聘请外国专家进行基础设施工程的建设和运营,每年用于支付外国专家工资的开销高达40多亿美元,仅此一项就耗费非洲每年所获外来援助资金的三分之一。

资料来源:
郑燕霞.非洲基础设施建设的前景与中国因素分析[J].国际经济合作,2014(6):71-74
余应福.加强国际合作,促进非洲基础设施建设[J].国际经济合作,2012(12):10

住房保障

随着城市化进程的推进,非洲的住房需求也在不断增长。然而,在大多数非洲国家,偏低的居民收入水平制约了非洲房地产市场开发的水平。很少有人负担得起从马里的 5800 美元到埃塞俄比亚和赞比亚的 70000 美元的高房价,这导致城市居民居住条件简陋,多以简易住宅或低层住宅为主。特别是 15-24 岁的青年人多居住在贫穷、拥挤的贫民窟。目前,居住在贫民窟里的人口总数接近 2.26 亿人。在那里的居民生命和财产安全得不到法律的保障,亟须改善居住条件。

用于住宅开发的土地稀缺、建筑材料和基础设施的费用不断提高、土地和住房政策及立法的缺失等因素导致房价上升和使用权不安全,这些是非洲房地产开发面临的主要困难。另外,在非洲,住房贷款非常有限,大约 85% 的城市中,城市居民由于首付要求高、贷款期限短、利息高而无法获得保障性住房。

虽然非洲住宅问题面临巨大的挑战,但并非不可克服。一些非洲国家为解决低收入家庭的住房已经成功地实施经济适用房的住房政策和项目。大约有 2400 万非洲居民的住房条件已经得到明显的改善。例如,在过去的十年,埃及、摩洛哥、突尼斯等国居住在贫民窟里的人口数量不断减少。

随着非洲经济发展水平的提升和居民收入水平的增长,房地产市场需求必将得到强劲释放。其次,非洲国家普遍重视房地产市场开发对工业制造、建筑、金融等行业的拉动作用,对房地产投资提供相应的市场准入等支持,也有利于房地产业的发展。第三,随着金融业的发展及其对房地产抵押贷款支持力度的提升,非洲房地产需求增速也有望得以提升。

安哥拉 K.K 经适房小区

K.K 项目是安哥拉政府为缓解国内住房紧张,维护社会稳定,推动经济发展而实施的政府工程,是安哥拉目前最大的住房项目,也是中国企业在海外承揽的单项合同额最大的住房类项目。K.K 项目占地面积 54 平方公里,合同总额 35.35 亿美元,工期 54 个月。一期工程将在 8.8 平方公里的范围内建造 710 栋公寓楼、24 所幼儿园、9 所小学、8 所中学、2 座变电站、13 座开闭站、77 座变电所等基础设施,总建筑面积为 331 万平方米;区内大、小市政配套设施包括主干路、次干路、支路约 400 公里及市政给水系统、雨水系统、电力系统、电信系统、交通信号系统、公园绿色工程等。安哥拉总统多斯桑托斯在 2008 年大选时曾许诺 4 年内为百姓建造 100 万套房屋,由中信集团承建的卫星城就是"总统履行承诺的重要组成部分"。

非洲城市人口及其占总人口的比重(1960-2011)

资料来源:图片自绘

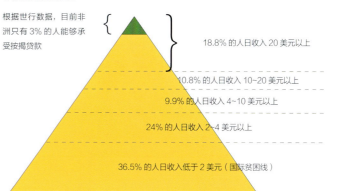

非洲居民消费能力

K.K 住房小区一角

K.K 住房小区配建学校

资料来源:

姚桂梅. 非洲房地产业发展现状及前景 [EB/OL].[2014-06-09].http://www.1think.com.cn/ViewArticle/Article_4ffa4a807c07bcf4b4ef9bfbd2a90c8b_20140609_16952.html

吕欣英. 赴阿联酋、安哥拉考察我国企业施工项目情况及感受 [EB/OL].[2012-09-06].http://www.bjgczl.com.cn/a/xiehuikanwuliebiao/201208qi/2012/0906/229.html

资料来源:

(上图) AFDB. The Middle of the Pyramid:Dynamics of the Middle Class in Africa[R]. Abidjan:AFDB,2011
(中、下图) 非洲房地产业发展现状及前景. 第一智库

基础教育

贫困是非洲儿童受教育的最大阻碍。联合国千年发展目标计划组估计,在非洲,小学学费及校服等费用占贫困家庭每年支出的四分之一以上。因此,很多非洲国家希望在国际援助的支持下为更多儿童提供免费教育的机会。据联合国教科文组织估计,随着越来越多非洲国家免除小学学费,2000年至2007年间,撒哈拉以南非洲小学生人数增加了42%,是全世界增速最快的地区。适龄儿童入学率也从58%上升到74%。在肯尼亚,自2003年免除小学学费以来,全国小学生数量已增加近200万人,辍学率也有所下降,顺利完成学业的小学生比例从2002年的62.8%上升到2004年的76.2%。博茨瓦纳、佛得角、多哥和毛里求斯等国更有望在2015年前实现小学适龄儿童100%入学的千年发展目标。各国教会、宗教团体和慈善组织成为实现这一目标的重要推动者。

非洲部分小学现状

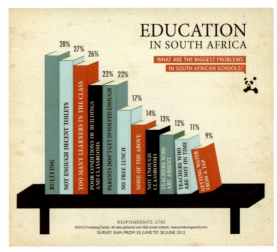

南非学校发展面临的主要问题

医疗卫生

据世界卫生组织的卫生报告,非洲大陆负担全球24%的疾病负担,但只拥有全球3%的医护人员资源和1%的经济资源。不少非洲国家每1万人才有1名医生,医疗卫生条件十分落后,远远低于世界卫生组织为发展中国家制定的医疗标准。由于政府没有足够资源和能力来提供足够的医疗保障,私人医疗卫生产业的发展被众多机构看好。麦肯锡在一份给IFC(世界银行集团面向私人部门的分支机构——国际金融公司)的报告中预测,2016年非洲用于医疗卫生方面支出大约是212亿美金,而私人部门在其中所占比例将达到60%。有乐观主义者认为这种将要到来的繁荣将带来实质性的利润。美林证券公司在一份研究报告中对非洲医疗卫生产业的推荐等级甚至高于基础设施和电信行业。

资料来源:
淡然.非洲免费小学教育面临考验[J].教育,2010(16):62
非洲医疗卫生概况[EB/OL].[2012-08-02].http://globserver.cn/健康/健康

国际援非医疗志愿者与当地居民

外国对非直接投资

安永会计师事务所发布的研究报告显示,近10年来,外国在非洲直接投资增长迅速,增幅从2003年的8%提高到2013年的22.8%,增长近2倍。投资领域从最初以采掘业为主开始向消费品业、农业和旅游业等多领域拓展,投资地域则从南、北非洲地区迅速扩展到包括西非和东非在内的整个非洲大陆。流入非洲的FDI通过弥补东道国资金不足、促进技术进步,带动了产出和生产率增长,为促进非洲经济平稳快速发展做出了重要贡献。

在众多的外国投资商中,英国稳坐2013年排名第一的交椅,投资项目共有104个。美国2013年在非直接投资项目只有78个,与2012年比,降幅达20%,居第二位。与此同时,西班牙和日本企业2013年在非直接投资势头迅猛,增幅分别达到52%和77%。过去5年,中国对非直接投资新项目数量为152个,列全球第九。在非投资的2000多家中国企业中,中小或民营企业占70%以上。

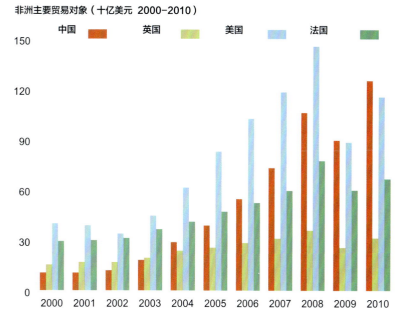

资料来源:
(上图)黄炎光,郭凯.外国在非直接投资增速大涨,10年提高近2倍[N].2014-05-28(08)
(下图)Ernst & Young.Africa by numbers Assessing market attractiveness in Africa[R].UK:Ernst & Young,2013

南南合作

中国和非洲大陆的关系在过去十年变得十分密切。双方令人瞩目的地缘政治关系和经济关系既在政治层面上不断加深——三年一度的中非合作论坛（FOCAC）高官会为双方领导人提供了交流的机会，又在经济层面上得到支持——双方在投资、基础设施建设、贸易、开发援助上的投入高达数百亿人民币。中国媒体平台（如CCTV非洲频道和肯尼亚的中国广播频道）的不断发展表明中国的文化影响力也在不断提升。

今年7月份中国政府发布的对外援助白皮书表明，目前中国对外援助的一半以上资金放在非洲。中国已经为非洲国家提供了近900亿人民币的对外援助，主要包括无息贷款、优惠贷款、高负债贫穷国家债务减免、特惠关税和其他援助金等。

与发达国家传统的援助模式相比，中国的开发型合作项目并不强调无私奉献的原则。相反，中国和巴西、印度以及南非将援助订立在"南南合作"的传统框架下。正因为合作建立在政治平等基础上，显著区别于西方国家"援助国-受援助国"式的帮助，因此中国提出的"双赢"理念在一定程度上赢得了发展合作伙伴的美誉。

> "南南合作"，即发展中国家间的经济技术合作（由于大部分发展中国家分布在南半球或北半球的南部，因而发展中国家间的经济技术合作被称为"南南合作"）。南南合作起始于20世纪50年代，强调技术合作和知识传递，而不是经济援助；强调互利共赢，而不是无私奉献。

资料来源：
驻加蓬经商参处.中国在非洲活动促进非洲经济发展 提振信心[EB/OL].[2014-09-15].http://www.mofcom.gov.cn/article/i/jyjl/k/201409/20140900730659.shtml

1956-2013

资料来源：
黎史翔，蒋伊晋，王岗.援非57年中国减债力度是美2.6倍[N].法制晚报.2013-03-30(02)

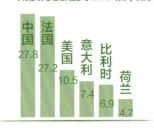

封面故事 | Cover Story

中国工人在非洲

IFAD（国际农业发展基金）项目农业示范田

中国在非洲的经济活动刺激了非洲的经济发展，提高了非洲的经济信心。一方面，中国在公路、铁道和公共建筑等硬环境上的投资帮助吸引了中国和其他国家来非洲投资；另一方面，中国在安哥拉和尼日利亚等资源丰富的国家采取"资源换资产"的投资模式，使得这些国家有能力开发此前无法开发的矿藏资源，并从出口这些资源中获利。

更微妙的是，中国在非洲的存在改变了发展中国家和西方援助国之间的关系。中国以及其他新兴投资体的出现，无疑改变了发展中国家和西方国家谈判时的权力平衡，使西方国家不得不更加重视非洲。今年7月，金砖五国（巴西、俄罗斯、印度、中国和南非）在年度峰会上宣布建立备受期待的金砖国家开发银行，并将其总部设在上海。这一多边倡议完全由南部国家发起，并被普遍看作是西方主导的世界银行和国际货币基金组织的竞争对手。在随后的8月份，奥巴马主持了美非领导人峰会，峰会效仿中非合作论坛高官会的模式，表明美国开始重新重视与非洲的合作。

（作者单位：江苏省城镇化和城乡规划研究中心）

中非经贸合作的发展，促进了非洲国家民生的改善和经济的多元化发展，为中国经济社会发展提供了有力支持，也为促进南南合作与世界经济的平衡发展做出了积极贡献。世界银行在2008年发布的一项报告中指出，中国的投资帮助非洲减少了贫困，尤其是在其他大国不重视的国家帮助建造了桥梁、公路和医院等公共设施。面对中非合作的现实以及当前席卷全球的金融和经济危机，联合国秘书长潘基文认为"中国与非洲越来越紧密的合作关系，对降低当前危机的消极影响做出了很大的贡献"。

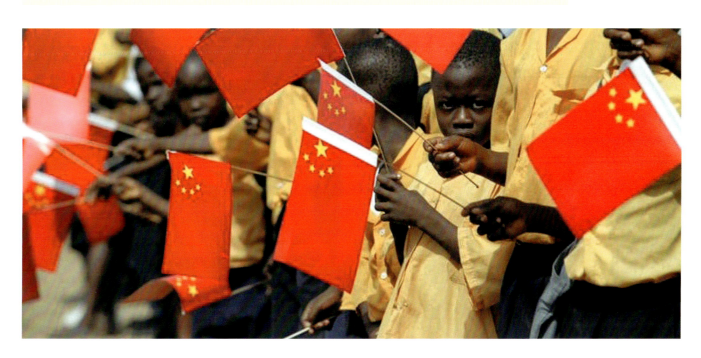

中国：推进高效、包容、可持续的城镇化改革战略

□ 世界银行

一揽子改革方案

中国正在建立一个新的城镇化模式，这种新的模式能支持较高且更有效的增长，能使城镇化的好处比过去得到更广泛的分享，更加可持续，同时能保障中国的粮食安全。

新的城镇化模式，需要优先考虑围绕土地、户籍、财政系统和政策激励机制这四个领域，制定出一个全面的改革方案，并得到公共服务供给、城市规划和环境管理改革的支持。在所有这些领域中，中国已经取得了长足的进步，并在地方一级进行了许多可以推广的试点。

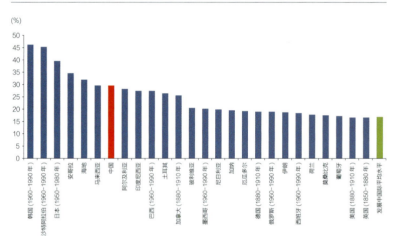

国际视角下中国的高速城镇化进程（城镇人口占总人口增长比，1978–2012年）

资料来源：
世界银行工作人员根据世界发展指数与《19世纪发达国家城镇化要素：描述与计量经济分析》（保罗·贝洛赫加里·格尔，《城市研究》1986年第23期，第285~305页）计算所得。需要指出的是，由于各国对城镇的定义有所不同，本数据所基于的城镇化率并不完全具有可比性

土地征用快于城镇土地开发

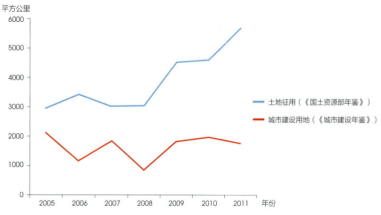

资料来源：《国土资源部年鉴》（MLRYB）和《城市建设年鉴》（UCYB）

土地政策决定了城市的密度和空间效率，进而又提升了环境可持续性和宜居性。农民分享土地增值所带来的财富，以及城乡居民收入和财富差距的缩小，都由土地政策决定。要更有效地利用土地，需要加强农民的产权，提高征地补偿，建立将农村土地转化为城市用地的新机制，通过更好的规划，更灵活地使用现有的城市土地，并由市场价格来引导城市土地的配置。要更好地利用劳动力，需要进行户籍改革，消除劳动力流动的障碍——劳动力从农村向城市以及在城市之间的流动。要使人们流向生产率最高的而不是公共服务较好的地区，就应该让他们觉得无论在哪儿都能获得类似的公共服务，同时保留他们积累获得社会保障的权利。为了实现这一目标，当前的户籍制度要演变成居住证制度，逐渐统一享有公共服务的规则。随着时间的推移，城市和农村地区都至少能为任何居民提供最低标准的公共服务，不论他们的原籍在哪里。

财政制度需要通过改革来适应土地和户籍制度将要出现的变化。在最近十年，土地一直是政府收入的巨大来源——平均而言，土地出让总收入占GDP的5.5%左右，扣除征地补偿及土地整理费用后，土地出让净收入占GDP的2.5%。更有效率的城镇化进程将需要政府集中力量更好地管理现有的城市土地，而不是征收新的城市土地。可以预计，城乡土地用途转换所得的收入将会减少。与此同时，由于地方政府要为流动人口提供公共服务，因而城市财政的支出需求将会增加。因此，财政改革必须在纪律约束下，提供资源来支持城市更加有效的增长。

改革的重点之一，是强化地方的税收基础，并使地方政府举债更加规范且受到更加严格的监管。使各级政府的财政支出责任分配合理化，特别是将社会保障的事权上收到中央，将减轻地方财政预算的支出责任，并增强劳动力的流动性。随着时间的推移，政府间财政体系要能确保城乡各级政府都可以提供中央政府所要求的、国家能负担得起的最低标准的服务。地方政府的举债如果得到适当的监管和监测，就能更好地使资本项目的支付与基础设施资产的使用寿命相匹配。同时，应减少使用地方投资公司等非正式融资渠道。

土地、户籍和财政改革要以地方政府决策者激励机制的转变为支撑。中国政府根据国家的发展目标对地方官员进行绩效考核，考核内容已经包含了卫生、文化、教育和环境等生活质量指标，以及计划生育

和社会稳定等重要的政治目标，但考核的重点一直是更容易衡量的 GDP 增长。新的城镇化模式需要调整这些评价标准，使之与新型城镇化的社会和环境目标更加匹配。此外，如果中国的民众更多地参与到城镇化进程中，将强化对地方政府的问责，确保各项政策更好地适应地方的需求，最大限度地缓解社会矛盾。中国的一些地区有相对成熟的公众参与制度，可以考虑在城镇化进程中扩大这种参与方式。

改革的主要好处将是经济增长质量的提高。本报告所建议的改革措施，尤其是土地改革、户籍改革、财政体系改革以及改变地方政府吸引投资的激励机制，将使得土地、资本和劳动力的配置更加以市场为基础。这将进而改变经济活动在中国各个城市之间的分布。加速工业活动向土地和劳动力价格更低的二线城市转移，将强化这些城市的经济基础，有利于带动中小城市的发展。同时，这种工业活动转移也将减轻大城市的人口流入压力，大城市可以在高价值服务和创新方面越来越专业，吸纳更加高技能的劳动力，而不是低技能的工业劳动力。

土地制度改革将提高城乡土地使用效率，增加农村居民从土地用途转换中获得的补偿，从而优化收入和财富分配结构。土地制度改革也有可能形成密度更高的城市，降低城市能源消耗强度，减少汽车使用，增强环境可持续性。集约型城镇化所节约的土地，可以为环境及农业生产留下更多的土地空间。

户籍制度改革及公共服务配套改革将增强劳动力的流动性，提高他们的生产率和工资水平。这与土地制度改革一道，将加速农业现代化，增加农民收入，缩小城乡收入差距。在全国范围内提供均等化的公共服务，将为全体国民创造更加公平的机会。让流动人口获得更好的住房金融服务，使其能在城市中置产并获得资产性收益，不断缩小财富差距。

财政体制改革将产生更多的收入，为全国最低水平的公共服务提供资金，降低对土地融资的依赖，防范地方政府因不受约束的举债行为所带来的金融风险。财政和金融改革还将进一步规范地方政府圈占土地的行为，从而避免出现更多空城和闲置的产业园区等粗放式的开发现象。

2030 年中国新型城镇化的愿景

中国下一阶段城镇化的初始条件和 30 年前相比有很大的不同。中国现在是一个中上等收入国家，是世界上最大的制造国和出口国，正处于发展的转型阶段，对增长而言，资源的有效利用将比简单地调动资源更为重要。现在中国的城市规模远远大于 30 年前，中国最大的城市可以和世界上的大城市群，如纽约、东京、首尔和伦敦相媲美。过去 20 年里进行的大规模的基础设施投资以及以 2001 年加入 WTO 为标志的长时期开放，使得现在中国的城市与世界其他地区以及国内其他城市的联系更加紧密。这为实现高效的城镇化奠定了坚实的基础，使集聚效应和专业化得以促进生产率的提高和经济增长。

由于推行这种新的城镇化模式，中国的城市将面貌一新。中国将继续快速的城镇化，在改革的情景下，城镇化率到 2030 年接近 70%，使中国的城镇化率与基

密集化可以提高效率，降低碳排放和基础设施成本

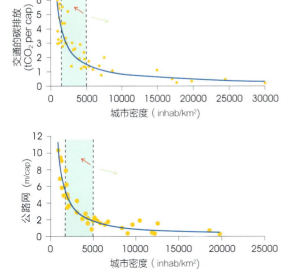
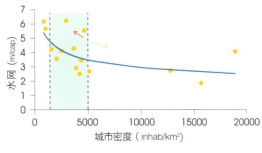
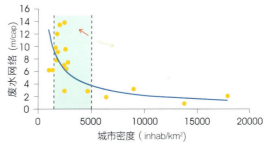

"照现有情况发展"的情景对应的是红色箭头，在此情景下，中国的城市将会出现汽车依赖问题、人均交通能耗高以及基础设施成本升高等。一个雄心勃勃的密集化政策将可以扭转这一趋势

资料来源：
Salat and Bourdic 2013, Müller and other 2013

中国城镇化的情景

	2010 年	2030 年的基准情景	2030 年的改革情景
城镇化率（%）	52	—	69
农业劳动力的比例（%）	38	17.1	11.6
GDP（万亿美元，2013 年现价）	8.5 (2013)	—	24.5
GDP（此前 5 年的年平均增长率）	8.3	4.9	5.2
全要素生产率（此前 5 年的年平均增长率）	2.2	2.1	2.5
消费占 GDP 的比重（%）	46.5	62.0	66.5
投资占 GDP 的比重（%）	48.8	35.5	31
第二产业占 GDP 的比重（%）	48.8	37.2	33.7
第三产业（服务业）占 GDP 的比重（%）	38.7	—	53.6
城乡收入比	3.8	3.3	2.6
单位 GDP 能耗（吨标准煤当量 /10000 元人民币）	1.41	0.73	0.64
单位 GDP 的二氧化碳排放（吨二氧化碳 /10000 元人民币）	3.32	1.68	1.39

产业结构是基于投入 – 产出表，因此该结构与《中国统计年鉴》中的略有不同。其中全要素生产率包括劳动力和资本在不同行业及所有制形式上的重新配置所带来的生产率的提升

资料来源：
根据 DRC CGE 模型进行的模拟

东亚经济体的消费占 GDP 比重与人均 GDP 水平的关系

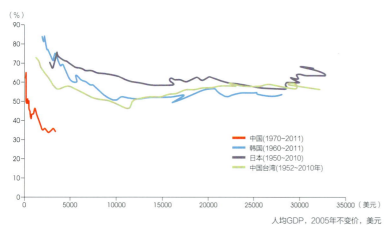

资料来源：世界发展指数及课题组计算

东亚经济体的服务业和城镇化发展

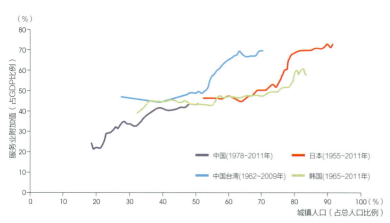

资料来源：亚洲开发银行.亚洲发展展望 2012（更新）：服务业与亚洲的经济增长

于其收入水平作出的预期相一致。即使在实施改革后，因为农民工家庭纷纷在城市地区团聚，城市人口可能会经历一个初始的高涨，但这仍然意味着中国城镇化的速度在未来 20 年将放缓。此外，未来 20 年居民收入的增长很可能会放缓，但在当前改革情景下，居民收入水平会更高，而且更加平衡。改革情景下经济增长加速的主要驱动力，将是城乡和城城之间更高的人口流动率，以及更高效的城市所带来的生产率提升。随着中国劳动力市场的吃紧，消费的增长很可能快于投资，因为随着工资的增长超过了生产率的增长，国民经济中的劳动者份额会上升。这种日益增长的需求包括来自不断扩大的中等收入阶层的消费需求。目前，中等收入阶层占中国总人口的近 25%，占城市人口的比重则超过 40%，但与收入水平相似的其他国家比较，中国中等收入阶层的比重还是偏低。农村劳动力的短缺，将推动土地集中和新生产技术的迅速传播，提高劳动生产率，使得农村地区的工资比城市地区上涨更快，缩小城乡收入差距。随着收入水平的提高，到 2030 年服务业将占 GDP 一半以上，超越制造业，成为经济增长的主要动力。城市地区将为日益多样化的服务供给提供需求空间，对服务的需求增加以及相对价格上升（服务业生产率的提高可能会落后于制造业），经济中服务业的份额将增加。在改革的情景下，到 2030 年中国的城市面貌将更加多样化，原因在于城镇化进程将不会是整齐划一的，而会反映出各个城市的比较优势。在中国最发达的城市，服务业（而非工业）将在经济增长中发挥更大的作用，因为城市是更加成熟、附加值更高的服务业发展沃土。城市群中，北京、上海、广州等大城市近年来增长迅速，成为通往国际市场的门户，而且这种趋势还可能通过改革进一步增强。这些聚集效应将带来城市的多样性，鼓励人们在大学和商业区

中相互学习,并把人们同世界其他地区连接起来。

城市群尤其是在沿海地区城市群中的二级城市,将越来越多地吸引土地密集型制造业,并给生产商带来专业化效益,而且由于邻近具有大型市场和通往国际市场的大城市,交通成本也因此较低。中国内陆的大城市目前大部分都处在主要城市群以外,但它们拥有可作为经济发展基础的人力资本和便利设施。更加便利的国际市场通道和更低的货物运输成本,有助于这些城市与沿海城市竞争。内陆中小城市和乡镇将通过完善交通和教育基础设施,发挥企业和农场的规模经济,它们应将重点放在提供公共服务和为人们创造外出的机会上。

这种新的城市面貌会呈现出何种具体形态是无法准确预测的,但如果国际经验具有一定启发意义的话,那么中国的沿海大城市人口增速将快于中国城市的平均水平,而小城市的人口比例有可能会下降。主要城市群中任何规模的城市都会变得繁荣,与这些城市群紧密联系的地区也将分享繁荣。尤其是沿着中国主要交通走廊分布的城市,可以得天独厚地利用专业化提升效率。根据国际经验以及中国自己过去的经验可知,公共政策如果与由个人和企业的自主选择来推动城市增长的规律背道而驰,必将失败,即便这些政策得以推行,也是以牺牲效率和收入增长为代价的。

中国有能力实现新型城镇化

中国有能力实现更有效、包容和可持续的城镇化。本研究进行的模拟分析表明,城镇化总成本占GDP的比重会逐步下降。在2013~2030年间,所有城市公共服务、基础设施和保障性住房的年均成本约占GDP的6.1%。由于农业转移人口的融入和政府大规模的保障性住房计划,初期(2013~2017年)城镇化成本一度会达到占GDP7.3%的峰值。根据过去的经验,近3/4的成本由政府通过基础设施开发公司和融资平台公司支付。根据模型的模拟分析,政府能承担得起这些成本,因为来自不动产税的额外收入以及其他收入来源总体上足以覆盖这些成本,而且不增加政府债务占GDP的比重。这些模拟分析假设,给农业转移人口按城市标准提供基础设施和社会服务的成本是新增的,也就是说,农业转移人口所在农村地区的同类支出占GDP的比重不会下降。

在改革的情景下,城市密度将更高,对基础设施尤其是在道路方面的投资需求更少。对城市的住宅和现有城市土地增值征收不动产税,以及对存量土地的资产经营等措施,完全可以弥补土地用途转换减少的收入。通过对财政体制进行重大改革,改变地方政府的激励机制,将调整地方税收基础和政府间财政体制,并规范地方政府举债行为。

城镇化的成本和财政空间:基准情景和改革情景(占GDP的比重)

	基准情景				改革情景			
	2008-2012年	2013-2017年	2018-2030年	2013-2030年	2008-2012年	2013-2017年	2018-2030年	2013-2030年
城镇化成本(投资和运营维护支出)	8.6	7.3	5.6	6.1	8.5	6.8	4.9	5.4
基础设施投资	3.5	2.7	2.5	2.5	3.4	2.1	1.7	1.8
道路	1.9	1.4	1.2	1.3	1.8	0.9	0.7	0.7
地铁	0.5	0.6	0.6	0.6	0.5	0.6	0.6	0.6
排水	0.1	0.1	0.1	0.1	0.1	0.1	0.0	0.0
污水处理	0.2	0.1	0.1	0.1	0.2	0.1	0.1	0.1
园林绿化	0.4	0.3	0.2	0.2	0.4	0.2	0.1	0.1
垃圾处理	0.1	0.1	0.1	0.1	0.1	0.1	0.1	0.1
供水	0.2	0.1	0.1	0.1	0.2	0.1	0.1	0.1
供热	0.1	0.1	0.1	0.1	0.1	0.1	0.1	0.1
社会服务	5.1	4.6	3.1	3.6	5.1	4.8	3.2	3.6
保障性住房	2.0	1.4	0.5	0.7	2.0	1.4	0.5	0.7
教育(含劳动力成本)	3.1	3.2	2.6	2.8	3.1	3.3	2.7	2.8
公共卫生	0.0	0.0	0.0	0.0	0.0	0.0	0.0	0.0
中央和地方政府								
财政空间	33.3	31.8	30.4	30.8	33.3	29.8	29.9	29.9
财政收入	25.0	26.5	25.9	26.0	25.0	26.7	26.7	26.7
净借款额	8.3	5.3	4.5	4.7	8.3	3.1	3.3	3.2
总支出	31.9	31.1	29.6	30.0	31.8	30.5	28.3	28.9
经常性支出	23.6	23.6	23.3	23.4	23.6	23.6	23.3	23.3
资本支出	6.0	4.7	3.4	3.8	5.9	4.3	3.0	3.4
利息	2.3	2.9	2.9	2.9	2.3	2.6	2.1	2.2

International Perspectives | 国际视角

中国城市可持续发展之道

□ 城市中国计划

经济基础仍是"硬道理"

为了挖掘从长期来看城市可持续发展水平提升的一般规律,在同一时间点上根据各个城市之间的相对差异进行比较分析。我们认为,同一个时间截面上拥有不同发展水平的城市呈现的状态可以代表中国城市长期以来的发展进程。对中国城市长期发展来看,一个城市的可持续发展水平与其经济实力、人口规模和人口密度有着紧密联系。表现优异的城市共性是经济较为发达、拥有合理的人口规模及人口密度。此外,外商直接投资(FDI)和流动人口与城市的可持续性表现也有一定的关系。

整体而言,中国城市的可持续发展程度与人均GDP呈现正相关关系,大多数经济发展水平高的城市可持续程度高于经济发展水平低的城市,比如深圳、广州和珠海。但是,当人均GDP提高到一定程度后,经济发展对可持续的推动作用会减弱。一部分拥有很高经济水平的城市可持续发展程度甚至低于一些经济发展较低的城市,比如人均GDP相对较高的徐州,其可持续发展水平却低于厦门。

同时,这种两者逐渐减弱的正相关关系在不同年份间基本类似。这说明一个城市的经济水平发展到一定程度以后,其可持续发展水平的进一步提高很难继续依靠经济增长来拉动,实现可持续发展的目标必须更加注重促进社会发展、改善环境和提高资源利用效率。

类似的关系也可以从分项指标的相关性中看出。我们测试了4个分项指标的内在相关性,发现经济分项与社会、资源和环境分项都呈现较高的正相关关系。也就是说一个城市如果拥有较高的经济绝对水平,其社会、资源等方面也会呈现较优的表现。城市可以并应当做到经济和社会等可持续发展"两手抓"。

发展进程中有多个重要转型决策点

可持续发展水平与城市人口规模之间也存在正相关关系。但我们发现这种关系在样本城市90%分位数,即人口达到450万之前非常明显,相关性可达到0.65。而对于人口超过450万的城市,其相关性则迅速降到0.21,存在着明显的路径拐点。这说明对于中国城市而言,在人口达到450万以前,扩大人口规模明显有利于提高其可持续发展水平,但超过这个数字以后,人口的进一步增长对于可持续性发展的正面影响不再明显,需要新的模式来保持人口压力加大后的可持续发展。本次分析中用到的城市人口为根据2010人口普查调整后的城市常住人口。因此,从可持续发展与人口规模关系的角度看,就当前样本城市而言,中国城市在人口达到450万后应考虑可持续发展新模式。

类似的决策点也出现在(建成区)人口密度与可持续发展程度之间。当人口密度小于样本城市的75%分位数,即8000人/平方公里,两者相关性高达0.71。而当人口密度大于8000人/平方公里后,两者的相关性几乎消失(仅为0.08)。在分项指标里我们也可以发现同样的规律。因此,从可持续发展与人口密度关系的角度看,8000人/平方公里是中国城市可持续发展进程中重要的决策点,就样本城市来说,更高的人口密度对提升城市可持续发展水平几乎没有任何贡献。

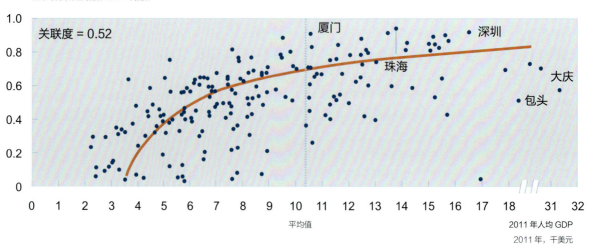

总体而言,人均GDP水平较高的城市可持续发展表现也较好

城市可持续发展指数 2011年指数

关联度 = 0.52

2011年人均GDP
2011年,千美元

更新发展模式提高承载能力

分析可持续发展程度与人口规模、人口密度、FDI和流动人口之间的关系,我们发现有5个城市已经跨越了这四个重要拐点,分别是上海、北京、深圳、广州和杭州,它们覆盖了7000万大约10%的中国城镇总人口。此外,还有6个城市同时跨越了人口规模、人口密度和FDI三个重要拐点,它们是天津、成都、南京、沈阳、武汉和重庆。以上11个城市覆盖了1.55亿约21%的中国城镇总人口。尽管这些城市中的大多数目前拥有较高的可持续发展水平,但其通过增加人口等因素在原有模式上进步的空间已非常有限。如此大量的人口占比凸显了问题的重要性。只有更新这些城市的固有发展模式,开拓新的发展路径,才能解决好庞大的人口数量与城市有限的承载能力之间的矛盾,以突破制约可持续发展的瓶颈。

显著的进步通常发生在城市经济发展的早期。短期来看一个城市可持续发展水平的提高主要驱动因素是什么?为了找到短期内提升可持续发展水平的关键影响因素,我们就2008-2011年3年间各个分项指标方面的增长情况,计算出每个城市可持续发展水平的综合增长率,与同期各种可能的影响因素的变化做关联性分析。

我们首先发现,大型经济体量的城市可持续发展的最大增速是5%,中型经济体量的城市可持续发展的最大增速为7%,小型经济体量城市的最大增速则可达到9%。这里所示的一个简单的规律就是,处于经济发展初期的城市更容易取得更显著的可持续发展成果,即在发展早期增加生产效率和经济体量、提高外资或外来人口等会给城市带来更大更长久的可持续发展效果。

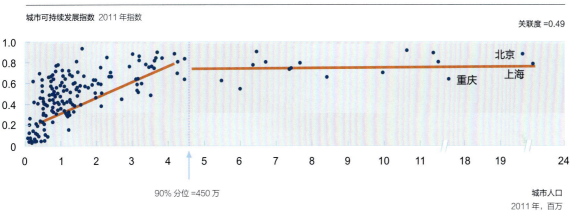

人口规模轨迹决策点——人口超过450万的城市可持续发展表现相似

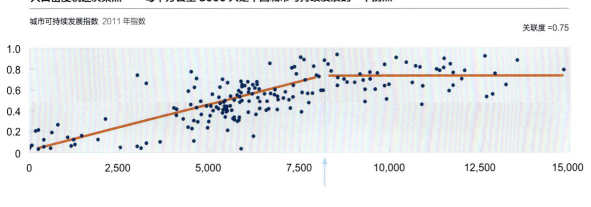

人口密度轨迹决策点——每平方公里8000人是中国城市可持续发展的一个拐点

International Perspectives | 国际视角

代表中国 10% 的城镇人口的 5 大城市已经跨越了所有的可持续发展决策点

可持续发展决策点

| 2011 年指数 人口密度 ≥ 8000 人/平方公里 | 48 个城市 | 城镇人口 ≥ 450 万 | FDI ≥ 30 亿美金 | 流动人口占比 ≥ 30% |

185 个城市: 深圳市、温州市、中山市、惠州市、上海市、广州市、呼和浩特市、北京市、福州市、合肥市、无锡市、包头市、珠海市、常州市、嘉兴市、杭州市、郑州市、天津市、绍兴市、成都市、青岛市、贵阳市、江门市、南京市、昆明市、长沙市、南宁市、兰州市、哈尔滨、济南市、泰州市、舟山市、沈阳市、湖州市、南昌市、石家庄市、西安市、武汉市、镇江市、长春市、潍坊市、重庆市、淄博市、南通市、唐山市、汕头市、徐州市、太原市

14 个城市: 深圳市、上海市、广州市、北京市、杭州市、天津市、成都市、南京市、哈尔滨市、沈阳市、西安市、武汉市、重庆市、汕头市

11 个城市: 深圳市、上海市、广州市、北京市、杭州市、天津市、成都市、南京市、沈阳市、武汉市、重庆市

5 个城市: 深圳市、上海市、广州市、北京市、杭州市

资料来源：
麦肯锡分析，城市中国计划

处于各发展阶段的可持续发展改善力度最大的前 10 个城市

2008-2011 年复合年增长率

排名	大经济体量城市：GDP 总量 ≥ $200 亿元 [1]		中等经济体量城市：$200 亿 > GDP 总量 ≥ $50 亿元		小经济体量城市：GDP 总量 < $50 亿元	
1	西安市	5%	福州市	7%	揭阳市	9%
2	常州市	5%	湛江市	6%	三亚市	7%
3	中山市	4%	本溪市	6%	汕尾市	7%
4	佛山市	4%	扬州市	6%	新余市	7%
5	大庆市	4%	马鞍山市	6%	铜陵市	6%
6	南京市	4%	昆明市	6%	遵义市	6%
7	天津市	4%	芜湖市	6%	抚州市	6%
8	重庆市	3%	合肥市	6%	牡丹江市	6%
9	杭州市	3%	惠州市	5%	池州市	7%
10	长沙市	3%	锦州市	5%	焦作市	7%

[1] 按 2008 年经济总量划分

资料来源：
麦肯锡分析，城市中国计划

城市发展可"各显神通"

增速的关联分析也显示,宏观指标(包括GDP总量、人均GDP、人口总量和人口密度等)的变化与城市可持续发展水平的变化之间的相关性并没有人们想象得那么大。中国城市的可持续发展在短期时间内的变化并不仅仅因为某一宏观层面的因素变化而发生明显变化,城市往往因为其采取了某种政策手段或其他原因导致一些个性因素取得进步,而使其可持续发展水平得以迅速提高。这也说明无论处于何种经济发展阶段,城市都可以利用自身优势或政策手段提升可持续水平。

考虑到中国城市的自然条件、经济基础以及发展水平都有较大的差异,我们也尝试对处于不同经济发展阶段的城市的变化进行相关性分析。我们将所研究的185个城市按GDP总量(2008年水平)划分为三个阶段。然而每个阶段中,GDP的增长与可持续发展水平的提升都没有呈现出显著的相关性。类似的情况也出现在人均GDP、人均收入、人口总量等其他宏观指标的分段分析中。我们由此判断,就近3年内城市可持续发展水平的提升而言,185个样本城市并没有体现出一致的规律,不同的城市在实践中是"八仙过海,各显神通"。

注意协调平衡经济与社会、环境的发展

近年,中国城市可持续发展的变化主要来自于社会和环境方面的变化。由分项指标的相关性分析可得,对于拥有高于平均可持续发展指数(USI)水平(USI得分51)的那些城市而言(它们通常也是大中型城市,占样本城市个数的53%,占样本城市人口的82%),其经济分项与社会分项的表现负相关(相关系数为-0.10),与环境清洁分项无相关性(相关系数为0.10)。由此可见,当城市的经济水平发展到一定程度,样本城市中的经济和社会、环境的不协调发展会逐渐显现。

较富裕的中大型城市会因为经济发展而牺牲社会和环境可持续。由于缺乏先进的城市管理经验,人口和经济体量的增加已很难推动这类城市的可持续发展。它们发展的关键策略就是摒弃之前的以量取胜的发展模式,大力提高生产效率,从而能在保持经济发展的同时拥有足够的精力与财力支持其社会和环境方面的可持续发展。

西安是一个在环境清洁方面存在明显短板的大型经济体量城市。然而从2008年到2011年,西安在环境清洁方面的进步显著,其环境分项的排名从145位提升到108位。综合来看,西安的可持续发展指数(USI)排名从2008年的第36位上升至2011年的第17位,可持续发展的年增速为5%,是大型经济体量中发展最快的城市。

西安排名上升的主要策略在于:提高居民收入,大力提升产业和开发科技的同时完善社会保障系统,扩大覆盖面和执行力度,加强就业扶持和失业救济,完善教育体系;尤其重点推进节能减排和废物清减的管理工作,建立污水处理机制与相关防治措施,统筹基础设施建设与生态建设,全面启动秦岭生态环境保护,渭河城市段、汉城湖治理和三年植绿大行动等生态工程,有效地改善了这一西部少水干燥城市的生活环境。

按经济总量划分后,GDP的增长与可持续发展水平的增长也无显著相关性   2008-2011年

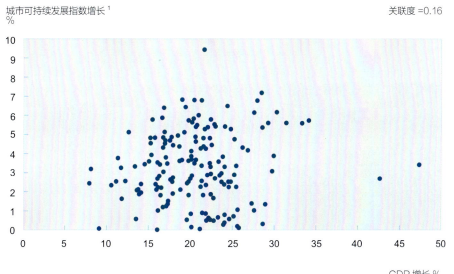

城市可持续发展指数增长[1]
%

关联度=0.16

GDP 增长 %

[1] 经调整后的城市建成区域人口稠密度

资料来源:
麦肯锡分析,城市中国计划

可持续城市规划原则与实践

□ 撰稿 何东全 博士，能源基金会中国可持续城市项目主任
　　　 孙苑鑫 宇恒可持续交通研究中心项目专员
　　　 王江燕 博士，宇恒可持续交通研究中心主任

自1996年起，中国的城镇化进入了高速增长阶段，城镇化率平均每年提高1.3~1.4个百分点，并于2013年达到了53.7%。中国快速的城镇化进程带来了居民生活水平的改善，也带动了水泥、钢铁、房地产、服务业等一系列产业的发展，中国的经济总量迅速跃增至世界第二位。

然而，快速的城镇化以及短时期内大规模的城镇建设也带来了诸多挑战和问题。为了应对这些问题，转变增长模式，中国政府在2014年3月发布了《国家新型城镇化规划（2014-2020）》。该规划提出要在2020年达到城镇化率60%的目标，这意味着还将有1亿人会转移到城镇中。为了避免重复过去不可持续的发展模式，该规划将重点集中在了人的城镇化，并且更加关注城镇化的质量，要求以更加科学合理的发展模式，建立宜居可持续的城市。

针对中国城市在城镇化进程中所面临的挑战，以及结合新型城镇化的要求，能源基金会在与国内外专家和同仁共同进行中国可持续城市试点的实践基础上，共同总结出了可持续城市规划的八条原则。本文解读了可持续城市规划的八条原则，并以案例的形式呈现这些原则在实践中的运用，望与业界同仁探讨中国可持续城市发展的正确道路。

可持续城市规划原则

原则一：设计适宜步行的街道和人行尺度的街区

步行降低了对小汽车交通的依赖性，支持公共交通，促进身体健康，凝聚社区活力。为鼓励步行，应缩短过街距离和控制街区大小，营造安全舒适并富有吸引力的步行体验。同时还应鼓励建筑底层活动，营造积极开敞的街道界面，缩小建筑后退，方便行人可达。

行人的活动创造了交流机会，并促进商业活动

原则二：自行车网络优先

自行车交通是一种简单、经济、低碳的出行方式，是中短途出行和"最后一公里"的理想解决方案。为缓解交通拥堵，鼓励自行车交通，应该为自行车提供良好的出行环境，在设计街道时要考虑自行车的安全、便捷和舒适，并在城市中设置非机动车专用道和景观绿道。

在公交站点设置的自行车停车场

原则三：提高道路网密度

一种常见的误解是：宽大的马路是高效的，有利于优化交通流。实际上，被宽大的马路限定的封闭的大型街区加剧了中国的交通拥堵状况。道路设计应该是以人的出行能力为本，而不是以车的机动性为本。案例研究表明，细而密的路网有利于优化交通流，因为它提供了更直接的路径选择，并能鼓励步行和自行车出行。利用多条窄小的道路疏解交通流，还可避免交通集中到少量干道上，可以大大缓解交通拥堵并降低汽油的消耗。

原则四：发展高质量的公共交通

公共交通系统的发展程度及服务水平直接影响人们的出行选择，而高品质的公共交通也是波特兰、新加坡、哥本哈根等世界著名宜居城市的共有特点。要发展高质量的公共交通，应提供高频率、快捷便利的直达式公交服务，并建立综合交通换乘枢纽，保证换乘的方便。公交节点应设置在居住、就业、服务中心的步行范围内，并提高公交节点周边的开发强度和公交服务水平。

典型的超大街区大尺度主干道城市格局与推荐的小街区密路网城市格局对比

广州BRT（左）开通前与2010年12月BRT系统开通后（右）

静安地铁站是以公共交通为导向混合开发的一个很好的范例

原则五：混合使用街区

在居住和办公周边就近混合零售、商业、服务等功能可以为这些地区带来活力和社区认同感。在规划时不仅应鼓励居住和服务功能的混合，还要考虑不同社会、收入阶层及年龄段的混合。在规划时，应结合社区提供可达的公园、社区中心和公共空间。

原则六：根据公共交通容量确定城市密度

高密度是低碳城市的关键，但仅仅是高密度是不够的。为避免城市拥堵，居住功能应当靠近公交站点和就业地点布局，在主要就业中心附近必须要有大运量公共交通。城市密度需要根据高峰小时的公共交通运量确定。在就业中心还应设置能满足日常功能需求的混合街区。

原则七：通过快捷通勤建立紧凑的城市区域

紧凑的城市形态可以保护耕地，减少市政、交通和服务设施成本，并缩短居民日常通勤。区域的发展应该通过自然保护、重复开发、旧城更新等实现紧凑的城市发展布局。而新区开发尽量靠近现有建成区，避免城市无序蔓延。在两个区域间应建立多种大运量公共交通进行联系。新的居住和就业开发应在短程通勤距离内混合设置，并可以将就业中心分散，以鼓励反向的交通流。

原则八：通过调节停车和道路使用来提升城市机动性

避免拥堵要求车辆的使用水平限制在道路承载能力范围内。早高峰通勤小汽车出行不鼓励，应通过在主要就业区域限制停车予以约束。还可根据一天内出行时间和目的地不同来调整小汽车收费，在条件成熟时，可建立拥堵收费系统，以限制机动车辆高峰小时在核心城区和主要就业区域的使用。

在广州高密度开发集中在BRT走廊周围，该系统的运载能力能够满足通勤高峰时的公共交通出行需求

在库里蒂巴，高层建筑集中在公交系统200m范围内

International Perspectives | 国际视角

实践案例

昆明呈贡新城

昆明过去的十年中城市快速扩张。呈贡是规划中最大的新城，将会成为新的行政区和云南多所大学的新校园所在地。新城的地点位于昆明市中心西南 15 公里处，占地 160 平方公里。目前，呈贡的人口估计有 30 万，但是在未来二十年中预计会达到 150 万，混合使用片区包含 62.5 万个工作岗位。认识到这一地区的生态财富，该地区的开发愿景确定为"低碳城市"。健全的公交网络包括若干快速公交（BRT）线路和两条地铁线，将会把呈贡和老城区及其他区域融为一体。

在 2012 年之前，呈贡开发所遵循的是 2006 年版的控制性详细规划。该控规已经指导呈贡完成了部分项目的建设。但是，在实践当中也发现该控规存在的一些问题。这些问题在目前国内新城规划当中具有普遍性，具体表现如下：

> 地块尺度过于庞大，边长 300~500 米大地块为数众多；道路网密度过小，不足 5 公里/平方公里。
> 道路尺度偏大，规划了若干条 60~80 米宽的道路，导致道路交叉口非常巨大，行人和自行车过街困难。
> 对公共空间规划不够系统。规划了几个较大的公园，但是对中小型的公共活动空间、广场、绿地等缺乏考虑。特别是这些空间相互之间的联系，与商业办公、居住用地的关系等没有明确要求。
> 公共交通规划不足。核心区规划了不足 10 公里的快速公交线路和两条地铁线。这些线路对核心区的 500 米半径的覆盖率不到 40%。
> 地块和街面控制不够科学。地块控制依赖传统控规指标，建筑后退距离过大，最大达到了 50 米。
> 交通和用地关系需要重新梳理。地块的开发强度和交通系统的联系主要基于道路的区位和等级，对公共交通和用地间的关系没有系统考虑。
> 用地混合度没有明确要求。每个地块基本上是单一功能，地块间没有明确混合方法和混合程度要求。

针对原规划中存在的问题，在编制新规划时以八条原则为指导做了如下改进：

> 对原规划中 60 米以上宽度的城市干道，运用单向二分路技术进行改造。通过断面重新分配，给予快速公交、步行、自行车更多的路权，增加更具有使用价值的绿地和公共活动空间。最重要的是，这样的修改打破了巨型街区格局，增加了非机动交通的便利性。
> 对原有路网进行加密，使道路的间距达到 100~200 米的水平。密集的路网为机动车、自行车和行人提供了多种路径选择，分散了人流、车流在少数节点的集聚，整个路网体系的连通性得到提高。
> 在上述道路网格局下，核心区成为一种小街块、细网格的格局。地块的大小由原来的 9~25 公顷变成了 1~1.5 公顷；行人从街区内到达任何一条街道的走行距离缩短。
> 对非机动交通进行分流。构建非机动交通道路网络，包括南北向 6 条自行车和步行专用街道，东西向 4 条自行车和步行专用街道加 1 条公交、自行车、步行专用走廊。
> 着重考虑适宜的混合度和密度。混合度的实现包括地块内和地块之间的混合。规划确定了每个地块的主要用地性质，并提出一定的混合度要求。地块之间的混合更为重要，特别是商业办公和居住的混合，在用地方案里被广泛采用。
> 围绕公交站点布置商业办公用地，以便未来的主要就业场所有便捷的公共交通服务。
> 根据公交的承载力分配密度和容积率。在最重要的公交节点周围，规划最高的密度和容积率，形成围绕快速公交和地铁站的集聚式开发。
> 增加快速公交密度，使每 1~1.5 公里左右就有一条快速公交走廊。在站点安排上，考虑不同线路换乘的方便，尽量使地铁与快速公交站点之间，各快速公交站点之间距离靠近。同时结合用地，对已规划但尚未设计的地铁站点进行调整，方便与快速公交之间的换乘。
> 根据可达性和连续性原则规划公共空间和公共服务，实现了居住区 400 米范围内学校全覆盖，800 米范围内有公园。在原有基础上，新增十余处小型公园，并使用绿廊、行人和自行车专用道路等联系，成为一个有机整体。
> 针对每一个"小街区"开发一系列设计标准，以确定一般开发控制准则，以及一系列详细的城市设计标准，确保每个开发项目都具有人的尺度，进而实现低碳目标。

呈贡 2006 年版用地规划（左）与呈贡核心区 2012 年用地规划（右）

重庆解放碑步行交通系统规划

重庆市解放碑商圈位于渝中半岛,是重庆传统的商业中心,同时具有丰富的历史文化资源。解放碑步行街也是中国第一条商业步行街,而现在解放碑区域是重庆的中央商务区,辐射整个重庆市。但近年来随着观音桥等外围商圈的兴起,解放碑商圈的地位正不断受到挑战。如何改造和提升解放碑商圈,使其保持竞争力,成为渝中区政府的一项主要议题。

在项目前期,通过对消费者的调查发现,"步行街环境好"、"离家或单位距离近"、"公共汽车与轨道交通便利"是影响消费者商圈选择的前三位因素。调查也发现月消费超过 3000 元的样本中,有 64% 采用步行或公共交通前往解放碑商圈。因此整个解放碑区域步行系统和公共交通的品质,对于商圈的吸引力和活力有着决定性作用。而通过调研,也发现解放碑商圈存在步行网络不连续,人性化设施缺乏,背街小巷利用率低以及机动车占用步行空间等问题,极大地影响了商圈的步行环境品质。

为了整合和串联解放碑商圈的公共空间资源,打造一张连贯完整且具有不同品质和功能的步行网络,规划制定了六大策略:

1. 建立公共生活网络
2. 延伸社区生活网络
3. 塑造小尺度空间网络
4. 设置联系滨江空间的步行通廊
5. 构建服务于全重庆、有活力的混合功能区
6. 建设服务于娱乐、休闲和连通的滨江区域

解放碑区域公共空间网络

规划从以人为本的角度围绕以上策略将解放碑商圈的公共空间梳理为八大类,并针对每一类空间提出了具体的设计指引。通过对不同类型空间有针对性的改造,来提升区域的整体品质和步行环境。到 2014 年年底前,商圈将实施无名巷改造等一系列示范项目,并将在后续逐步推进整个步行网络的构建。

城市步行和自行车交通系统规划设计导则

近年来城市中步行和自行车出行环境的日益恶化,导致出行分担率普遍下滑,这已引起中央政府和地方政府的高度重视。2013 年,住房城乡建设部组织开展《城市步行和自行车交通系统规划设计导则》(以下简称《导则》)的编制工作,旨在确立步行和自行车交通在道路规划设计和管理中的应有地位,填补当前技术体系的空白,推进各地具体实践。

《导则》的编制围绕着小尺度、运营维护、整体协调、街道活力和愉悦性五个要点,从交通设施设计、交通环境设计、与其他交通方式整合设计,以及无障碍和运营维护等方面构建了步行和自行车交通系统设计体系,旨在引导城市科学合理地规划步行和自行车网络,并对以道路为主体的城市公共空间进行精细化和人性化的设计。目前,《导则》正伴随住房城乡建设部"城市步行和自行车交通系统示范项目"的开展在全国范围内进行实践和推广。

实践总结与展望

中国的城镇化规模大、速度快,它具有与世界其他城市共同的特征也有其特定的时间段和中国独有的特性。尽管新型城镇化概念具有重要理论和实践价值,但很多细节、政策、法规还需要进一步探讨。每个试点城市都为我们提供了宝贵的经验。真正的挑战是,城镇化的速度是如此之快(每年额外的 1%~1.5%),一旦城市形式固定下来,其结构就很难改变。未来 15 年非常关键。能源基金会与中国同仁们共同总结的可持续城市八原则是一个重要起点。我们建议城市规划人员应在可持续城市规划建设中实践以下事项:

1) 借鉴国际最佳实践并充分认识每个城市的特色和独特的品质和目标;

2) 总结最佳实践并通过相应的法规和标准使之成为业界的共识;

3) 开发相关的评估标准和评估工具来衡量可持续城市的成功,识别缺陷,并选择适当的实施计划;

4) 重视对相关领导、在职人员和学生进行培训,使可持续城市的实践广泛推广。

中国城市规划学会是城市规划领域的全国性学术团体和职业组织，中国科学技术协会优秀学术社团，民政部4A级社会组织。其业务范围包括：就城市规划问题开展国际国内学术活动，推广先进技术，参与论证、咨询与决策，编辑出版学术刊物、专著、科普读物和其他出版物，开展注册规划师继续教育，代表我国加入有关国际组织，并参与组织国际合作事务，维护城市规划工作者合法权益，表彰奖励先进。

学会的前身是1956年在北京成立的中国建筑学会城乡规划学术委员会。历任理事长分别是王文克、曹洪涛、郑孝燮、吴良镛、周干峙，现任理事长由仇保兴博士担任。

学会下设组织、青年、学术和编辑出版四个工作委员会，区域规划与城市经济、居住区规划、风景环境规划设计、历史文化名城规划、城市规划新技术应用、小城镇规划、国外城市规划、工程规划、城市设计、城市生态规划建设、城市安全与防灾、城市交通规划、城市规划历史与理论、城市影像、山地城乡规划、城市总体规划和城乡规划实施十七个专业学术委员会。学会办事机构为秘书处，下设编辑部、咨询部和联络部。历任秘书长为安永瑜、周干峙、夏宗玕、石楠。

中国城市规划学会是我国在国际城市与区域规划师学会的官方代表，是世界银行注册的咨询机构，与主要国家的规划组织签署了双边合作备忘录，有着密切的业务联系。

学会出版《城市规划》和《China City Planning Review（城市规划英文版）》、《城市交通》和其他书刊。

公益机构
职业组织
规划师家园
行业平台
学术团体
国际代表

联系地址：100037 北京市三里河路 9 号建设部北配楼
联系电话：联络部 010-58323863 编辑部 010-58323858 咨询部 010-58323852
学会网址：www.planning.org.cn 年会网址：www.planning.cn 杂志网址：www.planning.com.cn
新浪微博：@中国城市规划学会 @规划年会 @城市规划杂志 @城市规划英文版
电子信箱：planning@planning.org.cn / 传真：010-58323850

学会网站

学会微博

特别关注 | Special Focus

探索美好人居环境
——京津冀区域空间发展破局之道

☐ 整理 刘剑

　　1999年，两院院士吴良镛先生为国际建协第20届世界建筑师大会拟定了《北京宪章》，站在人居环境科学的高度，历史性概括了20世纪人类的"大发展"与"大破坏"对新世纪的启示。在大会上，吴先生作了"世纪之交：走在十字路口的北京——对大北京地区概念性规划设计研究"的主旨报告。之后，又发出"不谋万世者，不足谋一时；不谋全局者，不足谋一域"之呼吁，提出北京发展必须面向整个区域实现有机疏散。之后，由吴先生主持、国内多学科参与的"京津冀地区城乡空间发展规划研究"在国家自然科学基金与建设部的支持下展开，先后于2002年完成《一期报告》，2006年完成《二期报告》，2013年完成《三期报告》，作为吴先生开创的人居环境科学的重大实践，"京津冀地区城乡空间发展规划研究"为京津冀地区的规划建设提供了科学支撑，促使京津冀区域协调从理论发展到行动实施的新阶段。尽管京津冀发展仍然面临着诸多问题，吴先生以"复杂问题有限求解"之道，积跬步以至千里，探索着人居环境建设新蓝图。

缘起：大北京思想的先声

《城镇化》：当前京津冀发展上升为国家战略，京津冀一体化规划编制正火如荼开展，谈及"京津冀"，大家首先想到的就是您主持的京津冀地区城乡空间发展规划研究，三份报告影响深远，请问当初开展此项研究的原因是什么？

吴良镛：京津冀协调发展是一个老课题。清华大学从20世纪50年代起就重视对京津唐地区的调查研究，此后于1979年，我们在区域整体发展设想下对北京及其周围地区的发展进行了初步研究，并对北京市总体规划修编提出了具体建议：北京城市职能应集中在政治、文化和国际交往方面，从京津唐地区区域规划的角度，从多方面统一考虑北京今后的发展，从战略布局上控制城市的规模，在规划引导下沿交通干线形成多中心、并联式、组群式的城镇结构体系，建设若干规模较大的卫星城，建设大环境绿地系统，以天津蓟县为中心，发展京津唐地区的"绿心"等等。

1996年，我们在"亚洲城市研究网"国际合作科研项目的"北京大城市地区研究"课题中，建议形成京津唐秦滨海城市带，面向渤海湾，建设沿秦皇岛、王滩、塘沽、黄骅的渤海湾港口群；依托京津唐高速公路的交通优势和港口群及开发区，发展新的京津唐城市带，建设滨海新城；将北京市的一部分第二产业有计划地转移到河北省和天津市，在大首都圈的范围内综合安排各项事业的发展战略。

1999年，国际建协在北京召开第20界世界建筑师大会，在大会专题学术报告会上，我们提出了"世纪之交：走在十字路口的北京——对大北京地区概念性规划设计研究"。研究概要说明："一个保护旧城与合理发展的规划设想，一种创造良好生态环境的尝试，一条使北京走向世界城市的道路"。

以上这些研究，可谓是"大北京思想的先声"。之后，在国家自然科学基金与建设部重点研究基金的资助下，1999年10月，开始开展"京津冀城乡空间发展规划研究"，这是老问题，新探索。我们当时还有一个考虑，就是希望能够将这个地区已有研究进行梳理，开展规划思想的讨论。正如一期报告所特别指出的：研究从问题出发，不是对历史问题算旧账，更不是对人。事实上，城市发展到今天，有种种主客观原因，是各种因素的叠加，无须追究责任。但是，实践检验真理，讨论城市问题不能不涉及规划思想，长期以来这似乎是一个自然形成的"禁区"，阻碍了思想的解放和学术的自由讨论，影响了创造性的发挥。因此，我们希望能在前人研究的基础上，将分散的杰出的思想加以整合，超然地探求一些解决城乡发展问题的新思路、新途径。

一期：投石探路

《城镇化》：我们注意到2002年一期报告发布时，提出了"大北京地区"的概念，但二期、三期报告中则强调"首都地区"、"首都经济圈"，为什么提法有所改变？

吴良镛：正因为是老课题的新探索，研究范围也从过去的"京津唐"扩展到京津唐保两个三角形地区，在正式名称中一般称"京津冀北"；考虑到对外交流的方便，又简称"大北京地区"。其实"大北京"概念，本身是中性的，不是为了突出北京。就像美国有个大纽约地区，法国有个大巴黎地区，没有褒贬的意味。但是北京很特殊，附近就有个天津，这样一来好像我们是有意要抬高北京的地位，天津就不高兴。有一次我到天津讲演，当时的天津市长就委托一位常务副市长向我提意见。

国际建协在北京开会的时候，在区域讨论组将"大北京"规划提出来，当时做了个展览，引起了许多专家的兴趣。但当时北京管城建的不同意这个规划，我就请教时任建设部部长俞正声，他很赞成，但他说你这个规划的名字要改一改——"大北京"是一般的学术叫法，是要从大的范围里来考虑北京的发展、布局问题，天津也不同意这个方案的名称。京津冀没有谁高谁低，但"大北京"的提法引起了误解，所以后来我们就用了"首都地区"这个概念。

《城镇化》：一期报告发布已有十余年，回顾京津冀发展，一期研究的主要成效或意义是什么？

京津冀地区城乡空间发展规划结构示意图（一期报告）

吴良镛： 当时京津冀地区发展存在诸多紧迫的问题，例如区域经济整体实力不强；区域核心城市与周边地区联系薄弱；区域环境问题严峻，对区域的可持续发展构成严重威胁；各自为政，缺乏合理的协作与分工；区域交通体系聚焦核心城市，城际交通缺乏足够重视，等等。我们一期研究在全球视野中审视京津冀地区的走势，提出核心城市"有机疏散"与区域范围的"重新集中"相结合，实施双核心（多中心）都市圈战略，并指出了加强区域统筹管理，建立区域协调与合作机制的可实施方向。

2002年《一期报告》发表后，研究成果得到学术界、媒体以及相关规划建设部门的肯定与好评，社会反响超出了我们的预料。随后，北京、天津两市在区域整体发展思想指导下着手修编城市总体规划，河北省也进一步思考这一地区的发展战略并编制省域城镇体系规划，现在这些规划都已得到国务院与国家主管部门的批复。在此过程中，国务院还发布了《关于推进天津滨海新区开发开放有关问题的意见》，批准实施了首钢搬迁计划等。

关于一期报告最大的意义，我认为是"投石探路"。首先，这是个"区域研究"，不是"区域规划"。以"两市一省"为地理单元，综合各种单项问题，进行整体研究，学术上言之成理，持之有故；说它不是"区域规划"，因为我们并未有政府授权，因此研究的成果无需有关领导或单位批准，且这项研究的内容如此宽阔，如此复杂，领导机关、行政部门能批准什么呢？即使批了，也难以约束以后的发展。因此不能以批准与否来衡量我们研究的水平和它的价值，对这种通行的误解需要予以解释。其次，重在城乡空间发展战略，而不是经济、社会、交通、生态、小城镇等方面"等量齐观"。规划的战略决策最终要落实在空间上，在区域研究中，以问题为导向，重点放在城乡空间发展、空间规划。最后，也是最为重要的，即研究的组织是"科学共同体"。这项工作一直在时任建设部部长俞正声的领导和支持下开展，建设部、两市一省的规划部门、学术界人士组成自由的学术组织。研究队伍组成上，北京、天津、河北省规划部门负责人都能参与；还逐渐成立交通、生态、经济、城市结构、小城镇等专题组，聘请顾问，尽可能邀请对此地区有见解、有热情的专家、专业人员参与，通称之为"科学共同体"，最后竟达到近200人。这样一个庞大队伍的工作需要有明确的方法论，我们先后在天津、唐山、石家庄、北京、廊坊等城市成功组织了讨论会，数月异地举行一次会议。每次会议都对工作有新的推进。这种模式在后面的二期、三期研究中都得到了坚持。

二期：基于人居环境建设的研究

《城镇化》： 我们注意到二期报告至三期报告发布相隔七年，而二期报告与一期报告时间间隔很短，为什么二期研究如此紧迫，当时是个什么背景？

吴良镛： 一期报告出台之后，这个地区发展速度之快、政府对区域规划期盼之殷，各界对京津冀地区研究之重视，都超出了我们原来的设想。我们没想到滨海新区、第二机场等设想这么快就得到了实施。各界对京津冀地区研究之重视，给我们极大的鼓舞。

同时，我们注意到，京津冀地区仍然面临整体竞争力不高、区域发展协调程度较低、资源环境约束"瓶颈"日益突出等问题。在实现美好的人居环境与理想社会，共同缔造以新"畿辅观"建设首都地区的愿景下，京津冀地区宜追求更加明确的区域空间发展战略。面对急剧发展的形势和区域规划研究的新需求，我们觉得这项研究工作必须要步入更高的境界，不然就被正在发生的事实抛到后面去了。

《城镇化》： 相较于一期报告，二期报告的特点或关注点是什么？

吴良镛： 一期报告侧重于对城市地区的理论研究，重点是对京津冀地区发展的原则性、理念性、方向性、战略性的新问题进行探索，希望带动北京的城乡规划从"就城市论城市"转向"世界城市地区"的观念，主张以整体理念，综合研究城市发展的战略目标、区域职能和空间布局，以及跨地区的协调与合作机制等，通过"建设世界城市"，促进整个京津冀地区的繁荣和健康发展。

宏观的方案令人鼓舞，但实施办法并不具体，因此

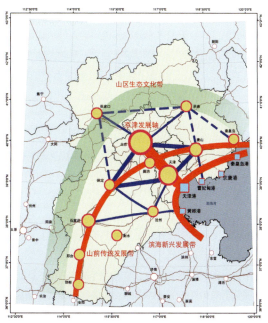

京津冀地区城乡空间发展规划结构示意图（二期报告）

二期报告是"庖丁解牛",把问题分解开来,找到下手点。因此,二期报告特别注重将区域研究落实于城乡大地空间,以首都地区和新畿辅的观念,采用批判性整合的研究方法,努力实现良好的人居环境与理想社会的同时缔造,地区空间战略发展规划走入更高的境界。基于此,二期报告提出,以"首都地区"的观念,塑造合理的区域空间结构,这一结构是由京津发展轴、滨海新兴发展带、山前传统发展带和燕山–太行山山区生态文化带组成的"一轴三带"的发展构架。

最为重要的是,我们意识到在区域规划研究的思考中应切实体现以人为本,融入人居环境建设之要求,即京津冀一体化研究之本是塑造良好人居环境。有鉴于此,我们明确表示,二期报告中所从事的区域规划研究是基于人居环境建设的区域空间发展研究。京津冀地区是较为完整的地理单元,地跨两市一省,作为区域规划与发展的研究对象非常具有典型性;并且,长期以来京津冀地区的区域协调与发展问题也有相当的复杂性和不确定性。我们立足于区域独特的自然资源条件和错综复杂的人文社会背景,将区域规划研究落实于城乡大地,联系着人居环境的建设与变迁。这种聚焦于特定地域与空间,在空间上整合经济发展、城乡建设、交通、土地利用、环境保护、社会和谐等诸多方面的内容,强调物质规划、城市设计、区域感等的做法,与近来国际上许多区域行动的共同特征是合拍的。

三期:从理论发展到行动实施

《城镇化》:三期报告是去年9月份发布的,与一期研究相比,您认为京津冀区域协调发展成效如何?

吴良镛:总的来说京津冀区域协调进展是可喜的,京津冀地区区域合作的条件比十多年前进行一期报告时更加成熟了。今天的京津冀地区已经进入到从理论发展到行动实施的阶段。之所以这么说,一是因为地区经济社会的现实发展,已经到了你中有我、我中有你的阶段,相互间已经难以割舍;二是中央政府在"十二五"规划中,重申京津冀一体化,京津冀协调发展已上升为国家战略;三是地方政府对区域合作的要求更为迫切,河北省提出建设"环首都绿色经济圈",北京也认识到"要实现协调发展的目标,必须在更大的空间范围内实现城乡统筹和区域统筹",并且北京市规划委员会已经与河北省、天津市有关部门共同研究区域发展问题,在北京新机场、交通基础设施、生态保护和城镇化等专项合作上已有所突破。因此,京津冀地区在自然资源调配合理利用、国家战略要求和地方政府合作需求方面,比起十年前都更有条件,这种共同的需求使得京津冀地区区域协调合作的条件已经具备,已经到了必须要三个行政单

位思考并落实地区共同发展战略问题的时机了。

当然,各方面对京津冀区域协调发展的重点还各有看法,也有一些困惑,这是不难理解的。目前,京津冀各个城市都提出了自己的发展规划设想,设想有规模庞大的计划和项目,有些甚至又脱离了整体的区域观念,这是我们引以为忧的。

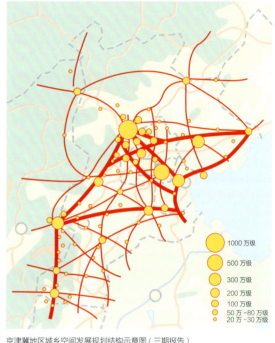

京津冀地区城乡空间发展规划结构示意图(三期报告)

《城镇化》:京津冀区域协调发展进入新阶段,那么新的问题和解决策略是什么?

吴良镛:虽然京津冀区域协调成效显著,然而必须看到,京津冀地区的发展仍然存在风险和不确定性:第一,这一地区人口仍将持续较快增长,资源和环境压力仍难以缓解;第二,京津走廊和沿海地区仍将是发展的主导区域,太行山、燕山地区、海河流域上游地区的生态保护、民生改善是影响整个地区可持续发展的重要因素,但缺乏有效的发展与保护战略;第三,京津冀对于环渤海、内蒙古、山西等地区的合作需求持续扩大,北京、天津越发需要依靠区域的整体发展来解决自身面临的问题,京津冀相互之间的区域合作需求越发迫切。京津冀地区既要解决这些区域问题,还要承担国家战略要求,引领更大地域的发展。既要面对中国发展模式转型的迫切要求,还要在包含国际金融危机在内的国际政治经济形势下,探寻城市经济的发展转型之路。需要有一个整体的、长期、科学、艰辛的研究,促进地区发展的整体思维,形成整体战略,付诸整体行动。

因此,面对经济、社会、资源、环境等诸多复杂问

题，我们研究认为终究归结到需要良好的空间秩序来协调统筹解决，并提出了"四网三区"的区域协调新构想。所谓"四网"，是指京津冀应在生态环境保护、交通基础设施建设、社会保障和公共服务体系建设、区域文化发展等涉及公共利益的方面，拟定共同政策，并付诸共同行动，实现人居环境的城镇网络、交通网络、生态网络和文化网络"四网协调"。所谓"三区"，一是共建跨界的"畿辅新区"，用以疏解北京主城区功能，将部分国家行政职能、企业总部、科研院所、高等院校、驻京机构等迁至"畿辅新区"。二是以天津滨海新区为龙头，京津冀共建沿海经济区，参照天津滨海新区，赋予京津冀滨海地区更为积极的发展政策。三是在河北张家口、承德、保定和北京昌平、怀柔、平谷，以及天津蓟县等地划定适当地域，设立国家级生态文明建设试验区，计划单列于中央政府重点扶持和政策支持的特殊区域，建立京津冀生态保护协调机制，实施长期的生态改善扶持政策。

感受：发展区域科学

《城镇化》：京津冀研究从1999年至今，已历时15年，期间您最大的感受是什么？

吴良镛：我们的研究工作，得到了中央和地方相关部门的大力支持，经费基本上是建设部、国家自然科学基金支持的，清华大学也资助了一部分。同时，每次报告发布后，也得到了决策层的认可，像"世界城市"的提法都写进了国务院的相关文件。

但我们的研究还只是一项自下而上推动建立区域协调机制、推动科学决策、民主决策的民间努力。我们的学术共同体没有统一的管理机构，也没有津贴，甚至我请大家到清华来开会，大家也是一边吃着盒饭一边讨论。但我们之所以将其当作一项长期研究持续推进，我们的想法是，通过学术上的共识推进社会共识，进而达到决策共识。

任何的事情都首先要有个社会认同。研究城市规划的人研究过去、现在、未来，能看得到城市发展的问题，但城市建设要靠决策者执行，要有人做整体研究的工作，不然仅仅头痛医头、脚痛医脚，或者说有点成绩就做宣传，这都是短时间的效应，根本的还是从老百姓的利益出发，考虑城市发展的未来。我本人对京津冀发展持乐观态度，是个乐观的杞人忧天者，看到前景，也看到当前的困难。

这里头就是要有先驱者。回头看二十世纪历史，所谓田园城市、区域理论的鼓吹者，他们就能够大胆地站出来、大声疾呼，有社会良知的资本家甚至于拿出自己的钱做实验，有成功也有失败，就是这样一点点地奠定了现代城市规划学科发展的基础。中国现在是非常好的时期，已经有许多好的例子，我们应该说能够走得快一点，迎头赶上先进的世界城市发展的步伐。

特别要说明的是，区域发展问题复杂，远不是一两项措施就能立竿见影地解决问题的，正如我曾经在《二期报告》中指出区域协调工作在潜流暗生，这足以说明京津冀地区空间发展规划研究是一项长期的研究工作。城市规划、城市设计不是几个专家的事，决策者、老百姓的认同是非常重要的，尤其是年轻人，应该关注城市的发展。面对当前发展的形势，我们既为种种遇见的问题而忧虑与困惑，又生活在对明日憧憬的喜悦之中。我们是在这种复杂的心情下工作的，看到这一工作中新人在不断成长，我们感到欣慰。

《城镇化》：对我国当前区域规划工作以及正在制定的京津冀一体化规划有何建议？

吴良镛：关于推进区域协调工作，我曾在上海推进区域合作的国际会议上提出几点体会与建议，概括为四方面：一是区域的协作涉及方方面面，问题的解决往往是对习惯观念和一般做法的突破，是一种创造，是一种变革，是对因循守旧的挑战，因此要积极地、持续地进行多种探索，多种形式的协调工作，以期不断有所进展，不能企求一蹴而就。二是根据区域的任务和发展目标，以问题为导向，在有条件的地区和部门率先开展协调工作，以局部的突破与进展，推动区域整体的协调，不能强求齐头并进。三是无论从观念上还是从行动上讲，对跨区域的空间发展战略研究及其可能的协调工作必须先行。四是科学工作者理应根据发生发展中的新事物、新问题，不断推进区域协调理论的探讨，逐步得到学术上的共识。即我曾多次提到的以学术上的共识，推进政府决策，自上而下地开展区域协调行动；以学术上的共识，推进社会共识，自下而上地推动区域协调行动。

对正在开展的京津冀一体化规划编制工作，具体内容在研究报告中有详细阐述，就谈几点感受：一是区域规划社会经济的论证已很多，在发展中，这是进步。二是区域规划要有人居环境科学观念。三是对空间发展战略要以研究为基础，根据个人最近20多年来对区域规划的理论探索与实践经验，区域规划研究是必要的，可行的，有益的，当然这还有待于不断发展。芒福德说："真正的城市规划必须是区域规划"，这是历史发展的必然，我们需要根据中国实践的经验与问题，发展我们的区域科学。四是区域的空间结构框架要不断深化。五是对重大工程项目不能仅注意技术可行性，更要综合论证可能的社会经济发展与影响。

顺便指出，规划工作是很难的，常说要有预见性、超前性，但谈何容易，需要理论与实践相结合，不断加强修养。规划工作者不比文学家、艺术家，写出来、画出来就完了，规划是社会事业，事情要大家来做，认识要共同提高。前进的道路上总有挫折，学术观点未必都那么一致，需要耐心，共同探索，学术见解终会趋向一定共识。任何工作只是一个过程，需要不断深化，现在建设规模惊人，社会发展太快，人们思想活跃，难免莫衷一是。我们科学工作者只能以理服人，也就是以科学服人，这首先就要要求自己的见解是科学的，如何做到这一点，只有不断提高自己的科学修养和思想修养，使你的言行合乎道理，如此而已。

支招：新型城镇化建议

《城镇化》："京津冀地区城乡空间发展规划研究"是您近几年开展中国特色城镇化道路探索实践之一，结合您的研究，对当前我国新型城镇化战略有何建议？

吴良镛：我曾多次指出，我国城镇化与城市发展不同于西方，外国理论不能解决中国的复杂问题，中国的城镇化不能单纯走西方的道路，照搬别国模式。为此，我们于2008年发表了《中国特色城市化道路的探索与建议》一文，对当时我国城镇化发展提出了七点建议：

一是探寻有地区特色的城镇化模式；

二是从区域的角度考虑大中城市之间的相互联系；

三是切实处理好建设用地与非建设用地的关系；

四是积极保护，整体创造，复兴城市文化；

五是塑造良好的人居环境；

六是城乡统筹，保障农村；

七是发展壮大县域经济，促进县城整体发展。

在经历了前些年高速发展阶段之后，我们应当认识到，当前城镇化是关系国计民生、安邦定国的大问题，如何实现健康的新型城镇化，是我国在转型过程中面对的重大战略挑战。中国的城镇化率如果上升到70%以上，将牵涉数亿人口，任何一个小的差错，都有可能带来难以挽回的损失。面对城镇化这一复杂的问题，如何求解？或许可以从以下几个方向进行思考：

首先，复杂问题有限求解。城镇化发展的前提是从整体出发，抓住要害，将复杂性分为若干方面。"五位一体"意味着，不是聚焦于某个问题或以某一方面走单一道路，也不是面面俱到地将问题无限复杂化，而是追

求"复杂问题的有限求解"。在时间上,将对问题的讨论集中在有限的时间内,如五年计划,小康社会十年时间等等。在空间上,不同的地域有不同的特点、文化及历史背景,要抓住各自的关键问题,"以问题为导向",探索应对的方针。如在区域尺度上,以一省为"基本经济区",统筹发展产业、农业、交通、水利等各个系统;在城市与城市群的尺度上,采用有机分散的布局,随着建设发展进程,建设点线面结合的城镇系统。

其次,以人为本,关怀人居。在城镇化进程中,住房、特别是社会住房,并不单纯是盖房子,而是与城市全面、整体和持续发展紧密相关的安居工程,涉及经济、社会等多个领域的体制改革,房地产的发展应努力满足不同居民,特别是低收入居民住房权益需求。因此,从这个角度看,建筑事业、房地产业的发展模式迫切需要从"金钱经济"转向"民生经济",要将人民群众的空间需要作为一切空间规划、建设、生产和分配的出发点和归宿,兼顾资本的效率与社会的公平、统筹土地与人口城镇化,逐步实现人与社会的全面发展。

第三,建立生态文明基础之上的人居文明。生态文明关乎14亿乃至全球人口生存的大事,雾霾、江河与土壤污染、生态灾害等是目前我国面临的迫切问题。快速城镇化的驱使、房地产的畸形繁荣、超高层建筑的层出不穷、大规模新城建设的甚嚣尘上以及国土规划、城市规划工作的缺陷等等综合问题,导致了国土的破碎,大面积的自然山水、田园被蚕食乃至吞没。必须切实地把生态文明理念和原则融入城镇化的全过程,将人居文明建立在生态文明的基础上。城镇化反映各方面的建设,如城镇、交通、河湖、农林、信息、文化等系统,应当将各个系统都投影到空间中,相互叠加、交联,成为一个开放的复杂的空间巨系统,进而开展人居环境科学指导下的城乡空间整治和优化。

第四,建立新型城镇关系,以县域为单元推进农村发展。我们除了要研究城市,研究城市群和大城市,还要城乡统一,历史的经验告诉我们,城乡是不可分割的整体,中国数千年文明是建立在农业社会的基础上的,古代人居建设中尤其重视以县域为基础。应将县域农村基层治理作为统筹城乡重要战略,以"县域"为基元,有序推进农村地区的城镇化进程,依据各地各具特色的自然资源、经济基础、文化特色等现实情况,积极而稳妥地进行以县为单元的城镇化、新农村和制度创新试点。无论发达地区,还是欠发达地区,都可以实现不同形式的城乡统筹,基本原则就是,首先要高度重视水资源等自然条件,要确保支撑城乡的可持续发展。其次以解决三农问题,实现城乡统筹为导向,最终建立以人为本的农业、农村,并实现农民生产水平的广泛提升。

第五,发挥决策者、智库作用,改进管理体制。人居环境建设面临错综复杂的问题和挑战,需要社会多方力量共同努力。人居环境是城镇政府决策者当仁不让的职责,所以决策者要高瞻远瞩,善于面对现实中关键问题,面对亿万人民居住环境的改善,既要有崇高的理想与人文精神,又要有现实主义科学态度和上谋全局的战略战术。要有政府领导的"智库",汇集各领域的专家,针对各个系统的不同问题,进行多学科融贯的综合研究,辅助决策层,科学地制定顶层设计战略,引导基层自组织力量,"智库"包括国家和地方多层面。还需要建立完善的管理机制,包括管理方法、管理机构和规章制度,确立人居建设的基本依据,将科学的宏观调控与综合治理相结合,使得现实的建设行为有章可循、有规可依。

第六,从科学转型角度认识人居环境科学。转型是时代的大趋势,科学本身也面临着转型。科学研究将要从长久的经典科学,走向复杂性科学,各种学科的思想方法,多种学科的交流,这种科学思想和方法论也是人居环境科学的一贯主张,应当从这一角度认识城镇化相关问题与政策,打破部门局限,进行全面统筹。

最后特别指出,城镇化关系到国计民生,需要以更高的视角,在国家战略的层面进行"顶层设计"。对于现行的城乡规划体制、观念与方法,需要重新加以审视,正视其过时之处,以及带来的种种弊端,进一步深化体制机制改革。

(作者单位:江苏省城镇化和城乡规划研究中心)

京津冀协同发展大事记

1981年 成立国土局，启动编制京津唐地区国土规划。

1986年 环渤海地区15个城市发起环渤海地区市长联席会。

2001年 《京津冀地区城乡空间发展规划研究》公布，以北京、天津"双核"为主轴，实施双核心—多中心都市圈战略。

2004年 2月，国家发改委召开京津冀区域经济发展战略研讨会，达成"廊坊共识"。6月，环渤海合作机制会议在廊坊举行。

2005年 1月，国务院常务会议通过《北京城市总体规划（2004—2020）》，提出要基本形成以北京、天津为中心的"两小时交通圈"。6月，"京津冀区域规划工作座谈会"在唐山市召开。

2006年 《京津冀地区城乡空间发展规划研究二期报告》提出，以"首都地区"构筑"一轴三带"空间发展骨架。

2008年 3月，住房和城乡建设部联合北京市、天津市、河北省政府组织编制并印发了《京津冀城镇群协调发展规划》。

2010年 河北省政府《关于加快河北省环首都经济圈产业发展的实施意见》提出，在规划体系等6个方面启动与北京的"对接工程"。

2011年 3月，国家"十二五"纲要发布，提出打造"首都经济圈"。5月，首届京津冀区域合作高端会议在河北廊坊召开。

2013年 5月，习近平在天津调研时提出，要谱写新时期社会主义现代化的京津"双城记"。8月，习近平在北戴河主持研究河北发展问题时提出，要推动京津冀协同发展。12月，《京津冀地区城乡空间发展规划研究三期报告》提出"四网三区"新设想。

2014年 2月，习近平主持召开京津冀三地协同发展座谈会，要求北京、天津、河北三地打破"一亩三分地"的思维定式，并抓紧编制首都经济圈一体化发展的相关规划。3月，国务院总理李克强作政府工作报告，谈到2014年重点工作时，提出"加强环渤海及京津冀地区经济协作"。京津冀一体化规划编制工作全面启动。

编制《京津冀城市群协同发展规划》的方法和原则

□ 撰稿 仇保兴
全国政协人口资源环境委员会副主任,中国城市科学研究会理事长,中国城市规划学会理事长

  城市群规划编制方法尚缺乏统一的标准规范与程序,由于体制方面的原因,先行城市化的国家也缺乏此类规划编制的动机(因为主流经济学主张政府放弃规划,放任市场自发作用)和可参照的成功经验。本文基于我国珠三角、长三角和京津冀城市群协同发展规划编制和实施的经验教训,提出新版京津冀城市群规划的系统分析法、规划编制程序和编制原则等三方面的要点。

资料来源:新华社中国特稿社. 京津冀需探索务实合作 [N/OL].2014-04-01.http://www.chinafeatures.com/Chinese/zt/jingjinji/201404/t20140401_9477.html

多维度的分析思路

一般而论，分析城市群那样的巨大复杂体系至少要以三个维度即问题、理想目标和经验导向来进行剖析。

第一，问题导向。

京津冀地区大中小城市不协调、核心城市规模失控、过度抽取地下水形成的漏斗、环境变化、功能过度向首都集中、土地利用粗放（特别是以租代征、集体用地）、生态破坏、人工林带减少、空气污染等，这些现存的主要问题都应该有历史的过程推演和横向比较来揭示此类问题的发展趋势。即问题导向分析要有纵深和历史感。如对问题的阐述与非空间管理部门类同，缺乏空间上、时间上的脉络感，只是政策性描述，就难以体现出空间规划专家的专业优势和独特视角。

问题导向分析过程另一个需回避的缺陷是对问题轻重缓急的排位不明晰。离开了发展趋势和影响程度的分析，问题导向分析就失去了应有的理性成果。要通过优化的 SWOT 分析法，力求把权重最大的问题排列出来。

问题导向还应该注重在空间上下工夫，然后在多维度求纵深。城市规划学认为，"任何空间问题都会影响经济、社会和生态，任何经济、社会和生态问题都会反射形成空间结构问题"。但空间问题在我国区域规划编制过程中常常提起来重要、做起来次要，而经常被忽视。许多机构编制的规划往往缺乏空间概念，而本次京津冀城市群规划的编制必须专注于空间概念的强化，要将城市规划师的专业主义精神充分发挥出来。

第二，理想导向。

这也称为目标导向。首先，理想目标应以中央对该地区的宏观战略要求为依据。习总书记在北京考察时阐述了京津冀发展的理想目标，提出了首都和京津冀地区协调发展的战略要点。这是中国新一届领导人对京津冀地区的总体、长远、宏观的发展目标要求。我们就要善于将这一系列战略目标转化成空间布局，并在实施政策方面加以详细研究。

其次，全球化的要求。全球化和现代网络技术会促成不同等级的城市网络。国与国之间的竞争就主要表现为城市群之间的竞争。在这些城市网络中，如果节点城市（即核心城市）功能不强，整个城市群就会因国际竞争力的流失而被边缘化。因而，要善于用世界城市网络体系来衡量京津冀，找出京津冀地区主要城市与世界城市理想目标的差距。

再次，大中小城市协调发展的要求。任一地理区域中理想的城市群整体协调发展实际上应该是大中小城市呈金字塔式分布结构形态，每个超大城市都以几个大城市作为依托（一般来讲 5 个左右比较合理），每个大城市又有若干个中等城市作为支撑，中等城市则要以众多小城镇为底板。目前京津冀城市群与比较理想的协调发展的城市群模式差距很大。在城市规模等级方面，核心城市规模过大、大中城市数量偏少或竞争力过弱、中间规模城市断层等都严重影响了城市群整体竞争力。这些问题都要用若干张遥感图按时间次序对空间布局进行详细描述。京津冀城市群一个显而易见的问题，就是大中小城市发展不协调。这种不协调又派生出另外两个问题，即区域和城乡发展的不协调。因为小城市、小城镇是周边农村农业的服务基地，中等城市是区域发展的驱动器，大城市则是整个区域的领头羊，是搭接超大城市和中小城市的桥梁。但京津冀城市群的现状是除两个核心之外的大、中、小城市都较弱，仅剩北京、天津两个孤零零的支柱。如果从空间的视角去看，该地区现存的问题就可一目了然。为什么该地区城乡、区域、中小城市发展差距那么大，重要的原因就在于产业布局失衡和城镇体系先天发育不健全。

四是新型城镇化、生态文明示范区的要求。在这方面京津冀城市群与理想目标差距也很大，具体体现在各类产业的空间分布上。笼统分析 GDP 的空间分布意义不大，而应该把形成 GDP 总量的主要产业布局进行空间坐标分析，尤其那些可以进行疏散的产业，如集贸市场、教育、卫生、家具木材和一般加工业等，做一个详尽的空间分布的分析。首都的许多经济功能实际上都是有理由疏散的。发达国家，比如美国最好的学校不在华盛顿，英国最好的学校也不在伦敦，我国为什么要堆积在首都呢？这些都可以在空间规划中明确提出。

最后，产业转型的要求。当前国际流行的技术创新

知识型区域 北京
高新技术产业、文化产业、高级第三次产业等占优

河北 资源型区域
资源、劳动和初级产品及农副产品
采掘业、重加工工业占优

天津 加工型区域
工业最终产品与高技术产品
以非农产品为原料的加工工业占优

产业与技术扩散
资源、劳动、产品

亟待破题的京津冀产业一体化

京津冀通关一体化正式启动

资料来源：
昵图网 .http://www.nipic.com/show/2425409.html

聚集区、养老医疗综合区、低碳循环产业集聚区、大学科技孵化园区等概念都要结合生态新城，尽量归纳到空间的合理布局上。

第三，经验导向。

首先就要着眼于京津冀城市群空间布局自身演变的过程分析。至少要以10年为单位分三个时段分析该地区城市群空间的历史演变轨迹。这实际上是三十年改革开放以来在空间调控手段基本缺位的情况下，市场机制是如何驱使该地区空间发育的经验教训之总结。

其次，与先行国家（如欧盟、美国、南美、南亚）的几人城市群比较，分析他们的主要经验和教训。

再次，与长三角、珠三角比较，空间布局上的经验教训是什么？住房城乡建设部前几年已经做过一些和长三角的比较研究的课题，有些数据（如国外领事馆数）因首都原因不可比，没有实际意义，但人均资源消耗量的比较（如人均GDP、人均能源消耗、人均水耗、城市的人均占地等）极具可比性。比如，长三角基本上没有土地的"以租代征"现象引发的"小产权房"，而北京市通过正规合法征用的土地与非法、以租代征的用地数量基本相等，原因就是长三角的土地管理比较严格，而京津冀有些失控。这些问题只要与长三角城市群横向一比较差距就显现出来了。

最后，流动空间与实体空间相互影响、相互作用。现代社会中人流、物流、信息流、能源流、物资流、生态资源流等通过通信、交通等工具在空间重新整合，形成了流动空间。京津冀地区面临着全球化和网络化的共同作用，即流动空间的重组影响城市群空间的重组。

"五步走"的规划编制程序

第一步，以目标导向、理想导向、经验导向三方面的系统分析结论与2008年住房城乡建设部与北京市、天津市、河北省联合编制并印发的《京津冀城镇群协调发展规划》并进行研究，尽可能梳理出富有创新性的成果。上一版规划虽然没有得到很好的实施，但它的目标导向和经验导向仍是值得借鉴的。其他部门都没有该地区相应的规划供时间轴的对照，只有住房城乡建设部编讨此类规划，应全面地进行再研究、再总结、再修编。在问题导向、理想目标导向和经验导向分析的基础上，再与京津冀城镇群08版规划进行系统对比，这样的分析既能找出需重点修编的内容，又一目了然发现问题，还有很强的空间针对性。

第二步，基于上述分析，提出空间构想。传统的区域规划往往是弱空间强政策，住房城乡建设部的城市群规划主要是强空间弱政策。住房城乡建设部作为空间的主管部门，首先要分析其他研究机构和规划院所所作的该地区各种空间构想，分析这些方案的优点和不足，要集大成。在这个基础上再与08版城市群协调发展规划对比，形成历史上的传承和多部门成果的归纳关系。通过现实与历史的交叉研究，综合各部委、地方和学院派的方案设想，对比08版规划，再推出京津冀城市群新一版的空间构想方案。提出新的空间构想，还应有资源利用数量上的匹配。比如上海已提出下一轮城市总体规划要求主城区建设用地负增长，北京更应该做到，应着重在提高现有建设用地的利用率上下功夫，压缩空间、腾笼换鸟。与此同时还要进行永久性优质耕地、生态用地和林地的划定来作为城市终极边界，在此基础上再进行生态和通风廊道的分析布局。天津滨海新区与河北沿渤海的城市用地要适度扩张，因为这些地区都是非耕地。本轮规划要在保护优质耕地上为全国做表率，留足生态和通风廊道。而滨海新区、曹妃甸等地现在空置房较多，要善于利用既有资源进行首都功能疏散。规划要有引导管控的实际效能，要把北京周边杂乱的违法建设区压缩整治规范，"以租代征"的"小产权房"要纳入依法治理，该转移的城市经济功能要坚决转移。理想的空间状态应该是对生态廊道、水资源循环利用、空气污染的疏散、耕地保护和建成区建筑存量利用等五位一体的综合考虑。

第三步，确定交通布局，特别是轨道交通的走向。例如，轨道交通（尤其是高铁、铁路、城际轨道和磁悬浮等大容量高效能交通工具）、高速公路、机场应怎么布局？现状布局的不足之处在哪些方面？在新一版的理想空间布局上，应该做哪些调整？作为空间布局的规划专家要主动将TOD的理念融入城市群规划之中。其次，水资源。沿海地带发展要综合考虑"五水"，即海水淡化、雨水收集、中水回用、南水北调、现有的水资源怎么高效利用等。再次，生态修复重点应该是哪些地方？环保部门提出的生态规划往往强调限制开发和自然保育，城市群规划则要在限制的基础上倡导主动修复。这三个部分就是基础设施共建、生态环境共保、资源共享、支柱产业共树以及一体化的内容。

第四步，提出下一层次配套规划修编原则。如把京津冀城市群规划看成城镇体系规划的高级版，在此基础上再明确北京、天津、石家庄、保定等其他城市的城市总体规划修编的具体要求，以利相关地方政府按上位规划修订好新版城市总体规划。这样具体到每一个城市就能体现城市群规划的可操作性和系统性。

第五步，协同管制。除了可参照我部编制的珠三角城市群协调发展规划列出的9种行政管制区域之外，最重要的是将"四线"管制和绿道在整个京津冀区域上全覆盖，这比主体功能区容易操作得多。而且这些内容已经写进了《国家新型城镇化规划》，京津冀城市群规划应率先执行和落实。在这个基础上，再提出在该地区推行城市总规划师和派驻规划督察员等制度创新，这样就可以为科学实施规划奠定基础。此外，还要汲取国外城市群协同发展管理的经验教训，为我所用。

"超级有机体"的规划编制法

加拿大著名规划学家约翰·弗里德曼认为："超大城市群如同一种'城市超级有机体'（Urban Super-organisms），是一种高度密集、富有活力、五个维度的城市空间，某一个点上的改变都会扩散至整个系统。除了传统物理空间的三个维度，时间是第四个维度，即展示人口增长和经济增长的社会空间规律变化。最后一个维度是人类面对面和通过电子渠道建立的联系。"

除此之外，弗里德曼还将此类巨型城市群的特征概括为三个方面：首先，它是一种自组织性质的城市系统。其产生的过程没有总体规划，其发展过程也缺乏中央协调。在城市超级有机体中，几百万决策同时产生，且在总体上相互联系，整个系统呈现动态平衡。

其次，城市超级有机体是围绕相邻的古老城市中心进行的缓慢发展。这就是为什么有些地方被称为城市边缘区，因为每一个城市中心都被不同类型的郊区围绕。这些边缘的更外围地区，一般为中心城市需求服务，呈现出一种混乱又是多用途的土地利用形式。

最后，或许也是最重要的特征是：城市超级有机体不可避免地出现了被主流经济学家称为"负外部性"的问题，并损害了整个系统的稳定性。由于新自由主义意识形态长期鼓吹缩小公共部门，城市超级有机体就缺少了自我修复能力。而这种自我修复能力有助减缓或可能扭转某些经济增长的"副作用"。

"负外部性"的四个典型类型为：空气、土壤、水及地下储水层的退化；日益增加的经济社会不平等；大规模失业，尤其是青年人失业；政治腐败和犯罪率上升。这些"负外部性"会威胁整个系统的稳定性。

由此可见，编制好新版京津冀城市群规划要坚持一些基本原则，即以下几个方面的转变：

承德丰宁构筑京津冀一体化生态文明保护区

第一，理想空间方案的构思应由从上到下的构建转向与由下而上地进行自演化和有效治理相结合，顶层设计与注重现有城市基础相结合。京津冀新一轮城市群规划修编前应及时编制概念性规划方案，可分：集中疏散为主、集中与分散疏散相结合、分散疏散为主等三种以上方案，以供比较讨论。

第二，是从强调整体目标、全局目标转向建立分级负责、边界管理、讨论协商制度。这正是弗里德曼所提出的：在复杂的城市群中，必须在最低层次上利用其自我组织和解决问题的内在能力。这称之为"辅助性原则"，这个原则提倡权利应被下放到能够有效决策的最低层公共机构。因为高度复杂性的系统，只能通过使用最小可能决策单位来有效管理。他同时也认为：中央权威机构在一个分散化的系统管理中同样需要。这不仅仅是为了监控系统表现的各种指标，也是为了完备市场之外的公共服务领域。这样一来，新一轮京津冀城市群协同发展规划要承认中央部门、首都和其他城市都有各自的利益边界，分清各自的利益和职责边界，有利于调动各方面（尤其是各类城市政府）主动参与规划编制和实施管理的积极性与创造性。

第三，是从以强调产业的分布调控、产业转移为主转向空间管制。把优质耕地、生态用地、文化自然遗产资源、通风廊道、水源地等空间资源严格管理起来，至于不属于此类空间环境资源之外的资源，则应尽可能发挥市场机制的基础性配置作用。如果空间布局已经落实，大红门等这一类人口密度较高的商品贸易集市转移就可以采取利益引导加行政分配的方式进行疏散。行政手段怎么添加呢？可否采取类似汶川地震灾后重建的对口援建模式，即北京的某一区对河北的某一个市县定向转移，来实现产业资源和空间功能对口有序迁移，这也许是一种避免混乱和恶性竞争的新思路。

第四，是从单纯地谈首都功能疏散或者集聚的转换，转向首都功能如何扩散，转到具体问题的解决上。本轮规划要从空间管制的可操作性上提出要求，区别于其他部委的虚规划。要树立"从空间出发，再回到空间去"的理念，让规划具有可操作性。这方面要学习派特斯·希利及其他一些规划学家提出的如何降低不确定性的一种方法，即"战略规划"。他认为该类规划有三层含义：首先是在特定政策方向中选择优先项目；其次是各类社会组织对现有政策和规划的创造性补充；第三是"二战"后法国国家规划者称之为说明性规划的内容，以应对多种难以预见的可能性。

第五，对环首都的那些城市从一般性的扩张或者压缩，转向空间的集约化、生态化改造。要把已实施六年的天津生态城的一些成熟理念首先在整个京津冀地区移植。该地区所有新建或扩张的卫星城、要改造的城市都应该率先采用生态城的理念和规划手段，只有这样才能促进整个区域将来可能成为全国生态文明的领头羊。

第六，从传统规划的长远性要求，转向远近期规划实施和重大项目安排相结合。对解决眼前紧迫性问题和可以迅速起步推进的重大项目，应不失时机列出计划表，尽快落实，及时推进。例如，通信、市场、交通运输、环首都公园绿地建设等方面的一体化项目，看准的就可以及时启动，为该地区下一步人居和生态环境优化奠定扎实的基础。

总之，新一轮的京津冀城市群协同发展规划编制，能不能尽快形成科学成果，全在于城市规划师们能不能把专业精神弘扬好，有没有足够的理性思考和科学调研，善于不善于把08版京津冀城市群协同发展规划的成果用好。08版规划虽然不是一个理想的方案，但它是修编本次规划一块重要的基石，规划的很多内容还没有过时，还是有意义的。除此之外，所有的规划编制人员都长期生活在本地区，现场调查要紧紧围绕关键难题的解决而展开，更为重要的是：要静下心来在梳理思路、分析问题的基础上提出设想和方案，俗话说："功夫在诗外，知识靠积累"。

在燕郊经济开发区公交站，赶往北京的人们在挤车上班

资料来源：CFP

城镇化进程中的政府与市场
—— 对话英国伦敦大学吴缚龙教授

□ 整理 刘剑

吴缚龙

伦敦大学巴特雷特规划学院讲座教授、学院研究主任；专注于研究中国城市化、城市与区域管理、城市贫困问题、社会空间差异、城市振兴以及动态城市模型调整，获得英国国家社科基金会颁发的卓越国际影响力奖

英国是世界城市化发展最早和程度最高的国家之一，为了能够更好地从西方经验观察中国城镇化进程，为中国城镇化发展带来更多的智慧和灵感，江苏省城镇化和城乡规划研究中心与英国伦敦大学巴特雷特城市规划学院吴缚龙教授展开了一次学术对话。

城镇化作为国家战略中国并非首创，但农民市民化是全球独有

《城镇化》：新型城镇化作为国家战略，据您所了解，我国是否是首创？

吴缚龙：如果以空间环境建设来解决经济问题这一角度理解，那么新型城镇化作为国家战略，历史上是有类似实践的——"二战"后美国的郊区化在学界就被认为是一种刺激经济的国家战略。当时资本主义面临周期性经济危机，美国在凯恩斯主义影响下采取政府干预策略。通过政府为房贷提供保障以刺激郊区大规模住房建设，新的住房需求带来汽车制造业、橡胶轮胎业、加工业等迅速发展，这一需求弥补了当时美国经济发展需求不足的缺陷，解决了资本主义的经济危机。

我国现阶段采取的城镇化战略，与当时美国的情况是相似的。拉动经济的三驾马车——投资、出口和消费，投资导向经济面临土地财政转型和房地产泡沫危机，出口导向经济遭遇国际金融危机重创，新的经济增长点需要通过刺激消费、扩大内需来带动。在这种扩大内需的要求下，城镇化发展、农村人口转移是有效地拉动需求、刺激经济的国家战略，城镇化过程中产生的城镇住房需求、家用电器需求等会刺激建设行业、家电制造业等产业链的发展，从而解决经济内需不足的问题。

可见，通过城镇化战略刺激经济发展并非我国首创，全球已存在类似经验，但是从农民市民化角度来看是我国独有的刺激经济发展的国家战略。

政府龙头效应是影响核心城市功能疏散的关键

《城镇化》：中央新型城镇化工作会议提出了以城市群为主体推进新型城镇化，正在开展的京津冀区域规划和上海总体规划编制工作涉及我国两大城市群地区，成为全国关注的焦点，英格兰东南部巨型城市区域及大伦敦地区（首都圈）作为世界级城市群，其在区域协作、核心城市功能疏散等方面有哪些经验和教训值得借鉴？

吴缚龙：在英国不是所有资源都要集中在伦敦，伦敦主要是人才的集中，比如各国的留学人才，国际大都市的生活方式和质量，这也带动了创新产业的积聚。例如金融产业的高度集中，其主要原因是金融业务的特性决定的。因为金融业务机构之间需要交流，许多东西没有固定的流程，需要当面沟通；甚至有很多项目本来是没有的，是不同机构的会计师、精算师、银行家等在面对面交流过程中形成的，因此这个产业需要高度集中。金丝雀码头作为一个金融新城，也就是几个街区，规模不算太大，却高度集中了很多金融机构。

除了金融产业这种必须由伦敦来承担的功能之外，有不少政府机构是设置在伦敦都市圈之外的，例如英国国家测绘局位于南安普顿；主管移民、安全和秩序的英国内政部的各个部门也多分散在伦敦外围——主管车辆牌照和税务的部门在斯旺西（英国威尔斯南部海港城市），学生贷款中心、移民工作中心等在达灵顿（英国英格兰东北部城市），这样就起到了功能疏散的作用。

因此，我认为英国城市功能主要还是一种市场的选择。从共性上来看，首都城市在经济规律上是相通的。例如，伦敦在城市化进程中，金融产业成熟之前也有一些轻工业、制造业，随着地价的上升，这些工业制造业其实是经过市场选择逐渐迁出的，有些工业不仅离开了伦敦甚至离开了英国去发展中国家，这是经济规律决定的。

而在中国，核心城市功能是高度集中的，比如北京。这个现象从经济学角度是能解释的，即一个产业的龙头企业在某个地区，产业链中的相关企业也自然会往这个地区集聚。中国政府的许多部门也起类似的龙头带动作用，各大部委都集中在北京，与之相联系的各类资源、经济活动必然都在北京进行。可见，中国的情况，尤其是京津冀的情况，还是和体制有很大关系，这或许需要一个过程。

英国应对住房问题的 106 条款

《城镇化》：英国作为一个自由市场国家，政府在住房建设与住房保障方面起到了重要的积极作用，那么您认为英国城镇化过程中的住房建设和保障机制经验对我国有什么借鉴作用？中国新型城镇化过程中如何有序引导规范城市住房保障体系？

吴缚龙： 近日国家提出到2017年完成1000万户棚改目标，据测算需要2.5万亿资金支持，除国开行每年不低于1000亿元的贷款和央财补贴外，剩下的资金缺口需要什么来撬动呢？在这一点上中国和英国使用了两种截然不同的改造模式。

针对城市房屋改造，中国通过一些传统的模式，把城中村、棚户区拆除，选择其他地区进行保障房安置，把原居民用地通过招拍挂的形式将土地进行拍卖，从而解决融资问题。

在英国，城市改造中对居民安置采取的主要是就地安置，这里的关键是1990年《城乡规划法》确定的第106条款。106条款规定开发商要对社区有贡献，这种贡献一般不是以资金形式呈现，而是以道路改善、可支付住房提供、公共空间建设、就业培训等等。可见，106条款主要是为了减少项目开发对周边地区的负面影响，或者是为了提高当地社区的公共利益，其本质是让公众分享土地开发的收益。同时，规划公开透明且社区权力很大，所以开发商需要对社区做出足够的贡献，社区才会把土地给开发商进行改造，因此社区在开发规划中也起了重要的作用，政府和社区共同保障当地居民的利益。

配建可支付住房是开发商获得规划许可时承担的规划责任中的重要内容。由于可支付住房供应比例是项目协商的结果，不同地区的规划部门可能采取不同的策略。如在伦敦和英格兰东南地区等住房需求增长快、可支付住房供应不足的地区，规划部门的规定较为严格，强制性要求开发商在开发项目中提供可支付住房。

英国约有90%的地方政府实施了106条款。从实践效果来说，1999~2000年度，全英格兰的可支付住房中有20%是通过106条款协议配建方式供应的；到2005~2006年度，这一比例提高到55%；并且伦敦大都市区及周边英格兰东南部等住房需求大的地区，所占比例更高。

可见，106条款协议配建住房的最主要特点是在土地价值的基础上撬动了私人投资进行可支付住房建设。此前，可支付住房的补贴主要来自于政府，尤其是中央政府的公共住房基金或社会住宅基金。

就业门槛和土地管理制度决定中国城市不会出现贫民窟

《城镇化》： 城镇化是个社会过程，需要关注社会问题，当下中国贫富差距拉大，社会分异显现，特别是有人担忧中国出现"贫民窟"问题；吴教授曾研究中国城市贫困问题，对当下中国社会分异有何建议？

吴缚龙： 有些人认为农民进城因为收入低，文化教育程度低，很难被整合进城市。现实不是这样的，城市是有很多高收入的工作岗位，但也有为高收入人群服务的低收入工作岗位，比如日常生活的服务行业，这种岗位总是存在的。因此，城市不是使人贫困，而是给贫困的人群提供了就业岗位，所以，城市贫困会存在。

但是值得注意的是，中国城市贫困问题和国外的贫民窟状况有差别。一是就业基础。国外贫民窟是高失业率聚集的高人口密度地区，中国的城市贫困地区，例如城中村，是就业人口的集聚地，住在城中村里的人大多在城市有非正规就业，是有一定经济活力的。毕竟住在城中村是需要一定租金的，不管租金有多便宜，因为一定要付房租，所以也是有门槛的，有工作和收入来源的人才会长期住在城中村。

二是中国的土地管理制度决定了不会出现贫民窟。在印度经常能看到贫民窟是在公路、铁路边，城市基础设施或者废弃场地上自发搭建形成的，但中国不可能出现这种情况，因为土地权属非常明确。例如城中村的土地是农民的产权，农民盖了房子再出租出去。因此，中国城中村还有一个特征，就是有自我完善机制。农民将房屋出租，有时为了满足租客需求，他们会花一部分钱维护和改善房屋设施条件。可见，如果是就业导向的，城中村是有一定自发性的自我完善机制。

对于这部分弱势群体，值得关注的是可持续就业问题和基本社会保障。这部分自愿进入城市的农民，在年轻时由于就业机会留在城市并且固定下来，当年龄结构、就业技能不再和社会主流产业相匹配，而服务性行业能吸纳的劳动力又有限的时候，就会对这部分弱势群体产生一定影响。所以现在很多人到城里打工，用打工赚的钱在家乡建房，回乡养老，这算是自我保障的一种方式。一旦今后土地流转了，进入城市体系，那么他们的保障问题需要怎样妥善解决是值得关注的。

伦敦金丝雀码头（吴缚龙 摄）

米尔顿·凯恩斯的街头涂鸦（吴缚龙 摄）

市民化本质不是人的空间转移，而是公民基本权利问题

《城镇化》：中国新型城镇化是以人为核心的城镇化，重点关注转移农民市民化，并出台《国务院关于进一步推进户籍制度改革的意见》，请结合英国农民在城市化进程中的经验教训，对农民进城问题谈谈您的看法。

吴缚龙：城镇化以人为核心是根本。英国的情况和中国有区别，英国是经历了迅速的"羊吃人"圈地运动、工业化进程，在此过程中成了一个高福利国家，全民医疗保健系统作为英国社会福利制度中最重要组成部分是全民覆盖的，不存在城市或者农村的区别。英国的农民也不像中国那样被看作弱势群体，经济上相对可能与城市有些差距，但是不像中国城乡差距过大，存在明显二元结构。

因此，我认为农民进城这实际上不只是空间的转移问题，本质上是一个公民基本权利的问题。中国不同于英国，由于历史原因，传统的乡村社会是在工业化体制之外；城市是保障全覆盖，农村则以土地为保障，城乡二元。现在通过市场机制土地可以流转了，所以又担心农民无法适应城市，成为国家财政的负担。这种对于农村土地市场化的忧虑可能过高了，中国的市场开放程度可能并没有那么高。并且，造成农民处于弱势地位并不全是市场因素，相反，现在是一些政策制约农民在市场中获益。比如传统上一直是农业支持工业，改革开放后也是相同的思路，农民进入城市多是以廉价劳动力存在的，所以农民处于弱势地位是市场和体制双重作用的结果。因此，市场稍微放开一些，不见得会造成农民流离失所这种较严重的影响，当然有可能出现土地财产处置不当的现象。但我觉得这可能只是个例。如果允许相对公平的交换，可能更多农民能从市场交换中获得利好。当然，长远来看也存在一些问题，比如失去土地的老年人进入城市将难以适应，这也进一步说明国家应当给予农民应有的基本保障，现在面临的问题有很多还是可以归结到制度完善上。

另外从土地价值上考虑，土地的价值由于区位的不同差别是比较大的。欠发达地区的土地可能价值不是很大，那么让农民交出土地，在城市里给予农民基本的生活保障，可操作性还是很强的。从生态层面来看有些人从生态脆弱地区迁徙到城市，也是有好处的。所以，目前学界也存在两种观点，一种是重点考虑城市外来人口的适应性问题；但还有一种观点，比如世界银行曾提出的，认为从市场程度来说，中国城市的集聚度还不够。

强有力的政府治理能力应成为中国城镇化经验与全球分享

《城镇化》：您被誉为中国城市研究的国际权威，从西方视角来审视当前的中国城镇化进程，您认为其对于全球城镇化发展有何借鉴意义？

吴缚龙：此问题要从中国作为世界新兴经济体的特殊性谈起，所谓特殊性一方面表现在中国城镇化发展中体现出的强有力的政府治理能力，另一方面表现在中国城市发展在城市比较研究中特有的多元化特征。学界对城市发展的传统研究多以西方城市为案例，随着近几年世界新兴经济体迅速崛起，学者们认为印度、中国、巴西、南非等新兴经济体的城市理论对于比较城市主义学发展有重要意义，强调用各国本土视野和实践来研究城市。从这个角度看，中国城市发展的规模和速度在世界都是独一无二的，对其自身发展规律的研究和解释对学界的理论研究具有重要意义。

其中，西方对中国城市化的关注主要聚焦于政府和市场关系，中国政府表现出强有力的治理能力是中国经济得以繁荣发展的主要原因之一。治理能力，与发达国家中政治体制活力的概念相近，有的城市能够繁荣发展正是因为其政体是一种增长的政体，维持了商业精英和政治团体的紧密沟通，所以城市发展好。中国政府的治理能力一方面与传统政府角色有关，另一方面在改革开放引入市场机制后，政府与市场精英的沟通增加又进一步增强了政府治理能力。中国的政府治理能力强，结合了政府引导经济的传统，带来了中国特色的城镇化发展。而这种经验在其他国家无法复制的原因，主要在于集权有效的前提缺失——强有力的治理能力。在非洲一些国家，酋长的权利高度集中，但由于缺少治理能力导致决策失误，加上战乱和换届的影响，决策的科学性和连续性受到极大影响。所以，所谓中国特色城镇化和政府引导经济的成功，目前在国际学界还存在争议，关键在于中国政府具备的强有力的治理能力在国际上具有特殊性。中国政府主导的城镇化本质上是由地方政府主导的，其在开发强度、支持力度、资源调配、政策引导、保障配套、先期投入等方面的执行力是其他地区难以实现的。

中国在城市比较研究中特有的多元化、丰富性特征对世界郊区化研究有重要的理论意义。中国城市的丰富性体现在，既具有第一世界的元素，如大型购物商场、产业园、新机场，又具有第三世界元素，如城中村、非正规经济，同时还存在传统元素如农户等，城市元素的丰富性、多样性具有独特意义。以郊区化研究为例，从一般研究意义上看，美国以小汽车、独栋郊区住宅为特征的单一型的郊区化其实是一种特例，并非普世现象。而在中国的郊区，住房结构和居民构成均存在多元性，郊区住房有城中村、农民住房、小产权房、高档社区等，居民构成包括外来打工族、城郊本地房东、郊区二套住房度假客等。中国郊区的家庭多元化、住宅功能多样化、高中低档俱全的丰富性特征，对于郊区化发展的研究具有新颖的研究意义。

《城镇化》： 您认为我国城镇化发展的主要问题是什么，如何破解？

吴缚龙： 中国当前城镇化进程中值得反思的问题主要有两点，一是为中国经济发展做出巨大贡献的地方政府"竞次模式"是否可持续；二是伴随中国强有力的政府治理能力显现出的决策随意性和监督缺失等问题应如何解决。

"竞次模式"是以地方行政主体为区域市场竞争主体的经济发展形式，以GDP为主要竞争指标的县际竞争为中国经济快速发展做出了巨大贡献。在国家经济困难时期，经济发展是主要目标，当经济发展到一定阶段后，这种"唯GDP论英雄"的发展模式带来的民生问题、环境恶化、安全威胁等负面效应开始显现，过去的为了指标而发展的"竞次"对于新时期社会发展需求来说是不可持续的，应当改变片面追求GDP的发展路线，地方"竞次"应当多元化考核，综合考虑经济、环境、民生等因素，并通过加强法制建设制衡地方政府间的恶性竞争。

强有力的政府治理能力为中国经济发展"竞次"提供了可能，但随着"竞次模式"的负面效益不断显现，政府能力强带来的地方决策随意性等负面影响也不容忽视，如"一任市长一张蓝图"、违规征地屡禁不止、急迫推进经济发展、行政决策掺杂个人仕途和经济目的等。进一步维持政府的治理能力并消除这些负面影响，关键在于通过加强法制对政府能力的必要性监督和制约。从规划角度看，要加强规划"一张蓝图"的法律效力，严格按照法律规定征地补偿，拓展政府违法侵权行为的申诉渠道，坚持依法治理、程序正义、信息公开、过程透明。

应对以上两点问题，关键是健全法律、建立公开透明的公众监督机制，进而维持高效的政府治理能力，并引导地方多元化竞争，以实现区域联合、协作共赢。

欧洲之星火车站雕塑（吴缚龙 摄）

新型城镇化与跨越中等收入陷阱

张京祥
南京大学教授

所谓中等收入陷阱，是许多发展中国家难以逾越人均GDP3000~10000美元的区间而陷入长期的增长停滞状态。虽然，这是一种必然的规律还是只是局部观察到的经验性现象，学术界还存在着争论，但是我们确实看到许多拉美国家、东南亚国家在经历了曾经的高速增长阶段后，都普遍跌入了"陷阱"——高城镇化率、低经济增长率、低社会福利、城乡二元差异巨大……，经济增长与社会发展乏力。2013年中国人均GDP约为6767美元，李克强总理多次表示中国不会落入中等收入陷阱，但目前中国经济、社会发展的实际情况显示，这样的可能性依然还是很大。

如果检讨一下拉美、东南亚这些落入中等收入陷阱国家的发展历程，可以发现一个共同的现象，就是这些国家基本都没能有效地实现城镇化与经济、社会发展现代化的同步共进，没能发挥好城镇化所带来的增长红利——经济的增长、产业的转型、社会的发展、治理的提升。巨大的城乡二元差异（不是城市有多好，而是乡村实在是太差）导致乡村人口大量涌入城市，但是城市却无法提供足够的就业岗位和必要的福利保障，乡村也没有实现发展转型而普遍陷入衰退。总之，城镇化不仅没有成为增长的动力、发展的红利，反而成为国家发展中的沉重负担（如今拉美一些国家城镇化水平甚至高达90%，但是城市中遍布着规模惊人的贫民窟）。可以说，这些国家的发展基本进入了死循环。

因此，从历史进程看，那些落入中等收入陷阱的国家基本上都是没能处理好高速城镇化与国家发展现代化的协同关系，城镇化的红利没有能够得到充分和正确的发挥，从而导致长期的增长乏力、矛盾凸显。这也正是中国为何要提出走新型城镇化之路，并将城镇化作为国家现代化宏大进程中的重要方面来对待的原因。

图：只有少数经济体跨过"中等收入陷阱"

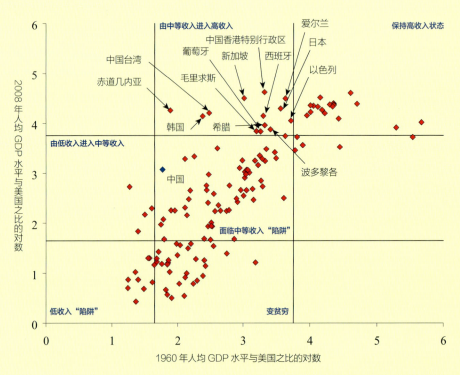

资料来源：
世界银行，国务院发展研究中心.2030年的中国：建设现代、和谐、有创造力的社会[M].北京：中国财政经济出版社，2012，8

中等收入陷阱的概念有实际的根据：在1960年的101个中等收入经济体中，到2008年只有13个成为高收入经济体，它们是赤道几内亚、希腊、中国香港特别行政区、爱尔兰、以色列、日本、毛里求斯、葡萄牙、波多黎各、新加坡、韩国、西班牙和中国台湾

城镇化进程中保护农民土地权益的五点思考

杜志雄
中国社会科学院农村发展研究所副所长

中央城镇化工作会议和《国家新型城镇化规划（2014－2020年）》提出了推进新型城镇化的六大重点任务，其中土地与转移农民市民化关系最为密切，因此，就新型城镇化过程中农民土地权益保护问题谈五点思考。

农民获得社会保障不需要以放弃土地为代价

《土地管理法》47条和《物权法》42条对土地权属规定很清晰，但目前没有合适的操作方法。农民社保费用应该从地方公共服务预算中支出，而非截留土地征收费用转为农民社保费用。随着城镇化和工业化进程的快速推进，土地对农民工的社会保障功能已经开始弱化，而资产性功能正在增强。目前，农民工仅靠在城市的务工收入无法与城镇居民平均收入保持相当，应当提高农民工在农村的经济收入，尤其是财产性收入。承包地和宅基地作为农民工最重要的农村财产，并未随着城市化和工业化浪潮为农民工带来更多的增值收益，土地的财产性收益尚未完全释放。所以，从实现农民工城市融入的现实需求和增加农民工收入出发，应当保护农民工的土地财产权，不应以放弃土地作为获得城镇社保的代价。

农民可以带着土地权利（益）做市民

截至目前，尚没有十分完善且得到普遍认可的土地承包经营权退出制度。因此，要允许农民带"地"进城，继续探索农民工进城落户后依法处置承包地的有效形式，任何人不得强制收回农民的土地承包经营权。农村土地制度深层次改革激活了数量巨大的"沉睡资本"，引发了各相关利益主体的利益博弈，从而导致农民在利益分配上缺少发言权、其土地财产权一定程度上被漠视等问题。在今后的农村土地制度改革中，要保证农民对于土地交易的参与权和分配权，将土地增值收益归还于农民，让新一代农民工带着土地资产货币化的财富进入城市成为市民，从而整体提升以人为本的城镇化进程。

应该让农民拥有土地开发净收益的剩余索取权

提高农民在城市化进程中的收益分配比例，让农民拥有土地开发净收益的剩余索取权，探索合理的土地补偿方式。要打破地方政府"吃饭靠财政，发展靠卖地"的局面，并加强对政府收益分配的监督。农民的土地虽然目前价值不高，但土地作为刚性供给的资源其未来的发展潜力是实际存在的，政府征地本质上是提前透支农村土地的可持续增值收益。因此，农民不光应该得到补偿，还应该得到剩余索取权——也就是在整个土地的增值过程中产生的净收益（剩余），农民应该获得属于他们的份额。

土地补偿标准以农业产值为计算依据不合理

我国现行的征地补偿标准是以土地农作物年产值倍数作为补偿依据的不完全补偿。根据这一标准，各地在制订具体征地补偿标准时，通常是按地块来测算年产值，随意性相当大，而且也经常出现相邻土地间价差巨大等问题，损害了被征地农民的利益。在我国社会主义市场经济迅速发展的今天，单纯以土地年产值为依据来计算补偿费用显然不合理。以城郊土地为例，随着城市规模的不断扩大，城郊土地的发展潜力已是不可预测。城郊土地的价格很大程度上已经和城市经济的发展和城市规模的扩大紧密相关，而与农业用地年产值的联系已是越来越弱。现行的征地补偿标准将土地的区位因素、地区经济发展水平、价格预期等因素排除在外，使土地的补偿费用与其真实价值相背离。

应高度重视新型农村社会建设、土地综合整治规划滞后问题

一些地区的城市规划、土地规划往往忽视了乡村地区的发展，或制定了乡村规划但与上位规划衔接不充分，正是由于规划编制的不到位导致了农民利益受损失。此外，就规划本身而言，部分规划缺乏灵活性，且广泛存在雷同样式或格局单一的情况，使得农民对规划的认同度较低。因此，应高度重视农村地区的规划滞后问题，因为这直接关系到农村地区各项政策的实施效果。

利用市场化手段为流动人口提供可支付的健康住宅

叶裕民
中国人民大学公共管理学院
教授

新型城镇化核心是人的城镇化，农业转移人口市民化是"以人为核心"的新型城镇化的核心工作，当前，伴随着国家户籍制度改革的推进，农业转移人口市民化进程将进入提速阶段，因此，我们有必要梳理清楚，到底是"谁更需要市民化"，"在哪里市民化"？

市民化为城市发展带来的收益远超过成本

劳动力成本上升是国内城市发展面临的一个挑战，成本上升原因主要有二：一是人民生活水平的提高导致劳动力成本提高；二是劳动力供需关系的改变。而后者对于劳动力成本的影响更大。农民工，在中国当前的劳动力队伍中，占到了一半以上，农民工成为城市经济体系中不可或缺的创造者，离开农民工，城市经济体系和社会运行都将面临崩溃，城市的发展需要他们。因此，从经济学逻辑可以看出，城市不能缺少农民工。

而农民工市民化的成本是多少呢？1.6亿中远途迁移人口，市民化公共服务成本按人均12万计算，共需成本投入19.2万亿元。假设我们到2025年能够实现全社会的市民化，十年的城镇化进程，即每年需要投入1.92亿元，而这仅占我国去年GDP总量的3.3%，占财政总收入的13%，更何况我们国家GDP仍在不断增长，城镇化进程也可能会比十年更漫长。

可见，我们的国家是有责任也有能力为农民工提供公共服务的，并且他们创造的经济效益远远超过政府为其所支付的公共服务。以公共服务留下农业转移人口，并培养他们成为富有创造力和创新能力的就业队伍，就是为城市留下了购买力和竞争力，城市比农民工更需要农业转移人口市民化。

城中村应成为具有包容性的转移人口承载空间

在宏观层面上，国家户籍制度改革希望中小城市成为吸引农业转移人口的主要载体，然而农民工的选择是跟着就业机会走，特大城市和大城市能够提供更多的就业机会，所以，大城市需要承担起人口转移的历史责任。

那么，大城市有没有空间去容纳这部分新增的转移人口？我认为，大城市的"城中村"应成为具有包容性的转移人口居住和生活的主要承载空间。

以往全国各地的"城中村"改造并未从根本上解决流动人口居住和公共服务问题，而是使流动人口问题向周边农村和更远的郊区转移。例如，北京整治拆除"蚁族"聚居区唐家岭，结果导致"一个唐家岭倒下去，千万个唐家岭站起来"。所以，将来的"城中村"改造首先应该兼顾本地居民、村集体、开发商和流动人口四大利益群体的利益平衡。不能只注重前三大利益群体，而忽略最庞大的流动人口的利益，这样是与新型城镇化以人为本的理念以及农业转移人口市民化的任务背道而驰的。

其次，在"城中村"改造过程中，要充分利用市场化手段，尽可能多地为流动人口提供可支付的健康住房。以海淀区"城中村"为例，由于改造后的出租房面积约为100平方米，月租金在1500~2000元左右，超出了大多数农民工可承受范围。导致改造后的"城中村"出租房大量空置，村民出租收入下降；而周边未改造的村越来越挤。研究发现，采用市场化的手段为流动人口提供可支付的健康住房是一个可行的方式。即将每户改造后的出租房分成5套小房屋，每套大小为15到55平方米不等，以满足不同流动人口需求。房屋内卫生间、厨房等基本设施一应俱全，这就是健康住房。这样，在低租金水平下，出租屋环境得到较大改善，既可为农民工提供有尊严的生活，也可大幅度增加村民的出租收入。

此外，为了鼓励村民用市场化的手段为低收入居民提供可支付住宅，可以对愿意接受小面积住宅的村民进行房屋面积等方面的补偿激励。据估算，海淀区如果采取这种方式，大概可以解决该区60%~80%的流动人口居住问题，在此基础上，社区的公共服务，例如篮球场、图书馆等便可按真实的常住人口来配置，能够很好地推进流动人口市民化。而且在"城中村"改造过程中腾出的公共用地，用以建造小广场、绿地等，可以提高当地居民的生活质量。

可见，未来的"城中村"改造，可以建立一个系统的"城中村"改造市场，改变现有的由地方政府主导"城中村"改造的模式。政府要做的不是和"城中村"、开发商谈判，而是制定"城中村"改造基本规则、规划，在与当地老百姓达成一致后，将信息放入市场。认同"城中村"改造补偿标准的"城中村"改造向市场开放。另一方面，规范和界定进入"城中村"改造市场的开发商准入门槛。开发商的规模、资质、信用度是政府应当考察的重要因素，开发商也需按照政府制定的规划来行动，对于老百姓的补偿、出租房基础设施标准等必须符合要求。一旦市场建立起来，"城中村"改造的过程就是村集体与开发商按照政府制定的规则和规划进行协商、谈判、合作开发的过程，建立村庄与开发商之间、村庄与村庄之间以及开发商与开发商之间多元有序竞争的格局，这样可以大规模降低"城中村"改造交易成本，提高"城中村"改造的市场效率，建立新的市场秩序，并将"城中村"改造的过程同时转化成为农业转移人口市民化的过程。

国家户籍制度改革与市民化进程

□ 撰稿 江苏省城镇化和城乡规划研究中心

进一步推进户籍制度改革，国务院下发了《关于进一步推进户籍制度改革的意见》，促进有能力在城镇稳定就业和生活的常住人口有序实现市民化，稳步推进城镇基本公共服务常住人口全覆盖。经研究分析，户籍制度改革对深入推进城镇化将可能产生以下若干影响。

引起经济发展布局和人口流向不一致

特大城市和大城市落户门槛进一步提高，中小城市和建制镇逐步全面放开。针对国家户改目标2020年解决1亿人口的落户问题，希望更多的人落户到中小城市和小城镇。而人口转移的趋势是更愿意进入大城市，特别是特大城市，例如当前江苏省外来人口主要集中在特大城市和大城市，南京、苏州、无锡和常州，分别达到138.7万人、375.5万人、180.4万人和100万人，总量接近全省外来人口的一半。

加速乡村空间重构

一是"386199部队"人口迁出，宅基地流转动力增加。较低的落户门槛、均一化的公共服务和可携配偶子女父母一同落户的政策，将大大提高对农村的家属、小孩和老人举家落户的吸引力，进而造成宅基地的闲置数量大大增加。近阶段，村集体范围内的小规模宅基地流转需求将不断增加；在下一阶段农村土地确权全面完成、产权交易平台构建完善后，将进一步提升农民对宅基地财产的变现需求，并促进宅基地的有序流转交易。

二是承包地流转动力增加，推进农业规模化经营。由于农村人口迁出的影响，承包地以出租、转租、转让、入股等形式流转的动力将大大增加。在《物权法》和《农村土地承包法》的保护下，农村地区的承包地流转市场已经相对成熟规范，原承包者的利益在物权流转过程中可以得到很好的保障。加速的承包地流转将进一步提升农村地区农业规模化经营水平，专业农场主和职业农民将逐渐成为农业种植的主力军。

三是农村空间结构加速重组，乡村进一步集聚发展。在人口加速迁出、承包地加快流转、宅基地流转意愿加强的共同作用下，农村空间结构将加速重组。细碎的承包地将逐渐被规模化连片分布的农田取代，偏远零散的宅基地将逐步被复垦为农用地，大规模的、有区位优势的居民点将进一步吸引人气、扩大规模。

加剧地方政府财政压力

一方面，由于流入地、流出地、中央政府间的财政分担机制不健全，户籍制度改革将加剧政府财政压力。有研究显示，农业转移人口市民化的城市公共支付的全国平均成本为13.1万元/人，城市公共社会保障的全国平均成本为4.1万元/人，无疑将大大加剧地方的财政压力。特别是在社会保障、公共服务等在全国处于较高水平的东部发达地区，势必形成落户"洼地效应"，吸引更多外省人口潜入落户，财政投入将大幅增加。

另一方面，现行县镇财政机制进一步加剧发达地区建制镇和小城市的压力，加剧土地财政的依赖度。根据国家政策要求，建制镇和小城市全面放开落户，发达地区的建制镇和小城市将可能成为外省人口落户的主要目的地，但是目前的分税制和省财政体制对于县以下财政相对较为模糊，很多地区实行的是县、镇财政超收分成政策，但分成比例不利于镇。因此，镇没有足够财政投入基础设施和公共服务建设，户籍的放开将对建制镇和小城市带来更大的压力；且镇财政更多的是依靠土地出让金、建设项目融资来筹集资金，将进一步加剧土地财政的依赖度。

导致城乡土地供需关系短期失衡

首先，迁入地保障性住房和新增基础设施需求增加，带动用地需求上升。新增人口对保障性住房的需求不断增加，对城市市政公用设施和公共服务设施的压力也不断加剧，并将带动新增用地需求的快速增加。

同时，迁出地用地指标与人口流出脱钩，新增指标无处释放。农村人口快速减少，农村闲置土地不断增加，迁出地相关部门进行土地整理的动力随之增加，产生大量新增城乡建设用地增减挂钩指标。平稳的用地需求与大量释放的挂钩指标供给不相匹配。

上述影响将导致迁入地和迁出地土地供求关系失衡，计划管理短期失灵。目前增减挂钩指标交易受市、县行政范围的限制，异地调剂比较困难。所以在近期内，与人口流动脱钩的土地利用年度计划管理制度将无法解决迁出地和迁入地供过于求和供不应求的矛盾，规划国土部门将面临巨大的土地供求关系协调压力。

用模块城市手法探索新型城镇化之路

撰稿 周牧之

步入21世纪之后,"9·11"事件、阿富汗战争、伊拉克战争、美国金融危机、欧洲债务危机等震撼世界的事件层出不穷。与在危机和低成长中纠结的发达国家相对照,中国经济持续快速增长,跃进为对世界经济增长贡献最大的国度。支撑逆风之下中国大发展的原动力是城市化。

20世纪是城市化的世纪。全球城市人口100年间从2亿5千万膨胀到28亿。到2008年,世界城市人口首次超越农村人口。

21世纪城市化的速度更加迅猛。联合国预计,2050年世界人口将达到90亿,届时城市人口将超过60亿。地球正在成为名副其实的"城市行星"。

新中国成立以来,中国凭借对城市开发用地和人口转移的控制,推行了半个世纪的逆城市化政策。直到进入20世纪以后,中国才终于开始导入缓和城市用地等城市化政策。"十一五"明确提出大城市群政策,给予了城市,特别是大城市发展的机会。过去被抑制的城市化能量由此井喷,成就了中国在世界经济低迷中的崛起。无论是从规模还是速度上来讲,中国都将成为21世纪世界城市化的主角。数以亿计的人口正在从农村涌入到城市,老城区的扩张和新城的建设在全国如雨后春笋。尤其是在长江三角洲、珠江三角洲和京津冀三地区,正在形成规模巨大的城市群,引领中国经济一路猛进。

然而中国的城市化也引爆了以农民工为代表的人口移动问题、汽车社会带来的交通问题、大量能源消费引发的环境问题、城市扩张和土地财政酿成的土地问题和房地产泡沫等诸多社会经济问题。特别是生态破坏和环境污染日益严重,近年PM2.5的大爆发,更使对环境问题的社会性危机感高涨。作为城市化大国的中国环境问题成为全球关注的焦点。为了探索中国新形势下的新的生活模式、新的城市模式和新的开发模式。由笔者主持的"镇江生态新城综合规划"以模块城市的概念和手法进行规划和建设,探寻生态文明城市化之路。

模块城市主要有三大特征:一是以综合规划作为总体设计,辅以设计规则规范各类开发行为,使各类开发都能在规划和设计规则的约束下进行半自律的发展,形成各具特色和个性的同时,城市最终融合成为具有良好整体性的有机体。二是作为基本单位的城市模块有相对独立的交通体系、能源体系、上下水道体系,城市模块本身是一个有相对功能配套完整的、具有特色的城市空间。三是整个城市分成若干城市模板,每一个模板都由核心区、产业园区、住宅区、文化游乐设施等城市模块构成,再由交通网络、通信网络、能源网络等"城市网络"将各个模板有机地连接成完整的城市。以镇江生态新城综合规划为例,具体如下。

优化土地利用,追求生态文明

迄今为止的城市发展采取的是一种排他性的发展,过度地破坏生态、排斥其他生物物种,导致城市生态环境恶劣、城市居民身心健康受损的现象严重。

出于对上述趋势的反思,"田园城市"、"抑制大城市发展"等思潮长期影响着包括中国在内的很多国家的城市化政策。但是城市化、大城市化、大城市群化的进程势不可挡。世界需要新的城市化模式协调城市与自然的关系。尤其是过去十多年中国的土地城市化加速了"平面过度开发、立体过疏开发"的现象,进一步恶化了中国的生态环境。如何实现生态与城市协调共赢的城市化模式是中国亟待解决的一大问题。模块城市规划通过优化土地利用,控制无序开发和低密度开发,把城市建设用地控制在新城总面积的35%,将65%的面积作为绿地、农田、水系留给生态空间。通过对生态资源综合、立体地利用,确立生态资源的经济性和产业性,优化生态空间的经济价值,同时尊重地形地貌、历史文化、风土人情,使城市空间与生态空间能够进行良好的互动,营造人文气息浓郁、舒适宜居的魅力城市。

打造立体紧凑城市模块,谋求去汽车社会

当人类步入汽车社会时代之后,工作与居住开始分离,通勤距离越来越长,所消耗的能源和时间也越来越多。特别是在世界最大汽车市场的中国,交通堵塞、空

气污染、交通事故等汽车社会病灶正严重地困扰着城市。

模块城市规划是以路面电车（LRT：Light Rail Transit）为主轴，公共交通为导向的 TOD（Transit Oriented Development）开发模式：首先，打造以路面电车作为支撑整个城市交通骨架的全新概念城市，形成以路面电车、自行车及步行为主的低碳交通结构，实现 50% 的公共交通分担率。其次，把城市空间集中在城市模块，着力将其打造为集居住、工作、学习、商业、娱乐、医疗和饮食等功能于一体的紧凑化、立体化的城市徒步圈空间。最后，将开发半径压缩在路面电车两侧的 500 米半径之内，严格控制低开发和乱开发的蔓延。

合理的空间布局和徒步圈不仅能大幅度减少消耗在交通上的能源和时间，还能大幅度降低由交通引起的精神负担和交通事故。

推行能源供销模块化，实现高效率分布式能源系统

随着城市人口的增长和工厂数量的增加，建立在化石能源基础上的城市生活和经济模式排放出了大量二氧化碳，造成了气候变暖等威胁人类生存的全球性大问题。在中国，空气污染已经成为严重的公害问题。审视中国的能源系统，能够发现城市能源系统效率非常低下。

城市能源涉及城市布局、能源选择、效率提高和节能措施以及供求平衡等诸多方面的问题，需要统筹系统的规划和安排。模块城市规划和建设手法正是解决这一复杂问题的有效方式。运用热电联产（Cogeneration）、智能城市能源管理系统（CEMS：City Energy Management System）和共同沟三大能源系统打造智能、节能、创能的崭新城市能源模式。

热电联产是指发电厂在生产电能的同时又对用户供应热能的生产方式。在发达国家的家庭能源消费结构中，50% 以上的能源用于空调、热水、厨房等热能消耗。与将电能转换为热能供应该部分能耗相比，将发电时原本废弃的热能直接供应给用户使用是一种更合理的技术路径。热电联产的优点是能够大幅度提高能源综合利用效率。即便是在发达国家，火电的一次能源综合利用率也大多不超过 40%。因为发电时有 60% 左右的能源以废热的形式被排放，另外 4% 左右的能源在送电过程中被损耗。相比而言，热电联产的综合能源利用率能达到 70%~80%，甚至 85%。在实践中，将通过在每个城市模块设置热电联产系统的方式，充分利用发电过程中产生的热能，大幅度提高城市能源效率。同时，以天然气为燃料的热电联产系统还将大幅度地降低对环境的负荷。

在具体实践中，将每一个城市模块构筑一个相对独立的区域能源管理体系（AEMS）。通过智能电网和 IT 技术构筑而成的 AEMS 能够良好地吸收区域内创造的新能源，合理分配光、电、热能，使区域内能源的生产和消费达到高度合理的状态。最终将各个城市模块的 AEMS 连接成一个城市的智能能源网络（CEMS），优化整个新城能源的生产和消费。

作为支撑 CEMS 的重要管网系统，在具体实践中将全面导入共同沟，把水管、煤气管道、电线、电话线等集中铺设在地下通道，以共同沟作为大动脉形成连接各个城市模块的网络。由于可以进入共同沟内进行检测和维修，能够大幅度提高管网的检测和维护效率，减少因反复挖掘道路而引起的路面交通障碍。同时，清除地面的电线及电话线等网线，还有利于营造城市景观。共同沟的导入成本虽然较高，但是通过合理的规划和对共同沟的综合利用可以降低导入成本，提高综合利用效率。

以城市网络组合城市模板，形成多极中型城市联合体

模块城市由复数的城市模板组成，每一个模板由多个各具特色和个性的城市模块构成，模板本身是一个有相对完整功能配套的中型城市。整个城市由在绿地、农地和水面环绕中的五座岛屿状城市模板构成。再由交通网络、通信网络、能源网络、生态网络等"城市网络"将城市模板连接成完整的"多极中型城市联合体"。

"多极中型城市联合体结构"不仅能规避和破解许多"一极集中型城市结构"引发的城市病，而且模块间、模板间形成的互补和互动的相乘效果，可望实现：

1. 原点、进化、飞跃的和谐；
2. 城市与自然的和谐；
3. 美与功能的和谐；
4. 整体与细部的和谐；
5. 张与弛的和谐：空间上的节奏感；
6. 产城互动等规划理念，给生态新城发展带来巨大的活力和魅力。

专栏作者 周牧之博士

日本东京经济大学教授、经济学博士、知名城市化问题专家。历任美国麻省理工学院客座教授、美国哈佛大学客座研究员等

城镇化的实质与新型城镇化道路

□ 撰稿 武廷海

专栏作者 **武廷海博士**

清华大学建筑学院教授、清华大学建筑与城市研究所副所长。研究方向为城市与区域规划、城市历史与文化、区域历史与文化

城镇化是人类社会现代化过程中的大趋势

从人类社会发展的历史进程看,工业革命以来,人类社会发展掀开了以工业化、城镇化为特征的现代化新篇章。城镇化是工业资本主义兴起的产物,它与工业化相伴生。18世纪后半叶,工业化进程从英国发端,深刻地改变了人类社会的面貌。工业资本主义兴起带来了工业城市的大量涌现。18世纪与19世纪之交,城市逐渐集中最重要的生产资料,无论在社会生产中,还是在整个社会生活中,渐渐占有稳固的地位,城镇化作为一个全球性的历史过程,实际上亦从此开始。

通常认为,城镇化是一个大量人口不断集中、形成城市的过程。人口的聚集带来了城市数目增多,城市人口、用地规模扩大,城市人口在总人口中的比重不断提高。19世纪中叶以来,伴随着工业化的全球性扩展,世界城乡人口格局已经发生了根本转变。在1850年代至1930年代不到100年的时间内,主要的欧美国家如英国、德国、美国、法国等先后经历了城市人口超过乡村人口的过程。第二次世界大战后,世界性的城镇化现象日益明显,特别是在东亚地区,日本和韩国分别在1950年代和1970年代经历了工业复苏和经济发展的黄金时期,城市人口超过了农村人口。从世界范围看,1800年城镇人口仅占总人口的3%,2010年则超过了50%。

世界城镇化的历史表明,城镇化是人类社会现代化过程中的大趋势。在城市研究中,一般用城镇化率,即城市人口占一个国家或地区总人口的比例,作为反映城镇化水平的最基本、最主要的指标。美、英、法、日等高收入国家,以及巴西、墨西哥等中等收入的拉美国家的城镇化率都在70%以上;其他中等收入国家的城镇化率一般在30%~70%。从城镇化率来看,中国还是发展中国家。

1978年以来,中国城镇化逐步进入快速发展阶段,城镇化率按照每年近1个百分点的速度大幅提升。1978~1995年,我国城镇化率每年提高0.64个百分点;1995年以后,提升至每年提高1.25个百分点,进入了发展最为快速的时期,呈现出明显的超常规加速提升态势。2010年3月联合国经济与社会事务部人口司发布《世界城市化展望(2009年修正版)》指出:"中国在过去30年中城市化速度极快,超过了其他国家,目前全球超过50万人口的城市中,有1/4都在中国。"

国家统计局《2012年国民经济和社会发展统计公报》显示,城镇人口占总人口比重已经达到52.6%,与世界平均水平大致持平。

1800~2010年世界代表性国家的城市化率变化

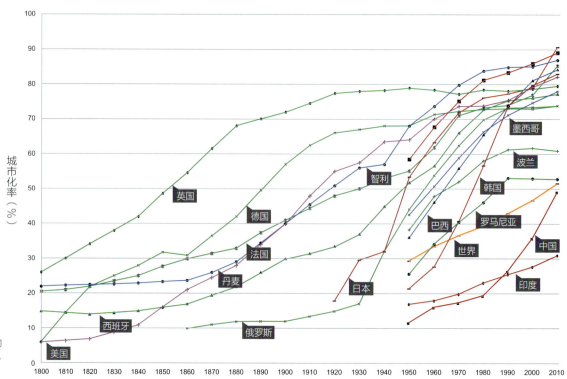

资料来源:
武廷海,张能,徐斌.空间共享[M].北京:商务印书馆,2014

社会关系变迁与城镇化实质

对于城镇化，马克思和恩格斯从社会关系的角度提出了独到见解，即工业资本主义发展使城乡关系由"乡村关系"转向"城市关系"。

"乡村关系"与"城市关系"是与人类历史上两类不同的城市现象相伴而生的。一类是自然形成的城市。在早期历史阶段，人类社会在很大程度上是"自然成长起来的"，农业劳动是最主要的社会生产活动。农业生产依赖于当地的自然资源，城市和乡村社会都是劳动、土地、财富的统一体。在这个时期，城市"以土地财产和农民为基础"，是特定区域的管理、服务和贸易的集中地；城市数量极少，规模较小，发展也十分缓慢。由于城市尚未成为一个能够扭转生产力及其相应生产关系的庞然大物，因此，整个社会还处于"乡村关系"的主导之下。城市浸润于乡村关系之中，很显然还谈不上所谓的"城镇化"。

另一类是现代大工业城市。资本主义机器大生产的形成，带来市场和社会分工的迅速扩大，逐步消除了生产和交换的地域封闭状态。城市由于对直接自然环境的依赖性降低而获得越来越大的独立性，因此诞生了"现代大工业城市"这种新型城市。1847年，马克思和恩格斯在《德意志意识形态》中指出：

它（大工业）建立了现代的大工业城市——它们的出现如雨后春笋——来代替自然形成的城市。凡是它渗入的地方，它就破坏手工业和工业的一切旧阶段。它使城市最终战胜了乡村。

与"自然形成的城市"不同，"现代大工业城市"是以农业和工业分离、劳动力和土地分离以及由此带来的城市和乡村分离为条件的，它是工业资本主义的控制中心，是资产阶级统治以及资本主义生产关系的集中地。1848年，马克思与恩格斯在《共产党宣言》中指出：

资产阶级日甚一日地消灭生产资料、财产和人口的分散状态。它使人口密集起来，使生产资料集中起来，使财产聚集在少数人的手里。

生产资料的集中，本身必然伴随着一种新的社会关系——"城市关系"的形成。1859年，马克思在《资本主义生产以前的各形态》一文中有一个十分关键的判断：

晚近的历史，这是城市关系渗进乡村，而不像在古代，乡村关系渗进城市。

这段话在《马克思恩格斯全集》第46卷上册第480页（人民出版社1979年版）翻译为：

现代的历史是乡村城市化，而不像在古代那样，是城市的乡村化。

根据陈光庭的看法，此处关于"城市化"的翻译是不准确的。同样，我们认为，《全集》中关于"乡村化"的翻译也是不准确的。马克思在文中所谓"晚近的历史"，就是资本主义形成的历史；所谓"城市关系"，就是城市主导社会生产而形成的一种城乡总体社会关系，实质上是一种城市垄断生产资料带来的城乡对立关系。1847年，马克思与恩格斯在《德意志意识形态》中指出：

居民第一次划分为两大阶级，这种划分直接以分工和生产工具为基础。城市本身表明了人口、生产工具、资本、享乐和需求的集中；而在乡村里所看到的是完全相反的状况：孤立的分散。城乡之间的对立只有在私有制范围内才能存在。城乡之间的对立是个人屈从于分工、屈从于他被迫从事的某种活动的最鲜明的反映，这种屈从把一部分人变为受局限的城市动物，把另一部分人变为受局限的乡村动物，并且每天都重新产生二者利益之间的对立。

总之，马克思主义经典学者并没有提出"城镇化"的概念，但是他们关于"城市关系"之论断，从城乡关系的对立统一中，揭示了资本主义城镇化的实质和关键特征，为我们认识城镇化现象提供了一条基本脉络。

随着资本主义工业城市的出现，现代科学意义上的"城镇化"（Urbanization）概念应运而生。1867年，西班牙巴塞罗那规划师、建筑师兼工程师塞尔达（IldetonsCerdà）出版《城镇化基本原理及其在巴塞罗那城市改革与扩张中的应用》一书，首次提出了"城镇化"的概念，赋予城市的建设与管理以科学地位并试图创立一门独立的学科，即城市空间组织科学。他认为"城镇化"包含了双重含义：一方面指代形成城市的客观社会空间现象；另一方面，又指代人们为适应城市社会、解决城市问题，从而创造性地发展和利用城市建设与管理的新科学、新技术的努力。顺便指出，关于"urbanization"一词，中文有"城市化"与"城镇化"两种译法。由于特殊国情，在舆论上"城市化"主要指代以发展大城市为主的urbanization，1991年国家"八五"计划纲要提出"有计划地推进我国城市化进程"；"城镇化"主要指代以发展小城镇为主的urbanization，从"十五"计划纲要与十六大报告以来，中央强调使用"城镇化"一词。本文亦采用"城镇化"一词，除了特别指明外，基本上都与"城市化"同义。

从城乡关系看中国城镇化进程

城乡关系是马克思主义研究城镇化的总的出发点，也是我们认识中国城镇化过程的基本切入点。

尽管基于农耕文明的"市镇"在中国社会中早已广泛存在，尽管鸦片战争之后中国市场被迫开放，曾出现一系列以口岸城市为主、作为西方殖民地和外来经济枢纽的"都市"，但是严格说来，上述城市与市镇发展现象都不能简单等同于"城市关系"主导下的城镇化进程。在传统乡土中国，长期存在着工农一体、城乡一体的社会文化基因，是一种"乡村关系"主导的自然和谐的社会状态。近代以来，中国社会经济发展的主旋律，实际上是"乡土中国"试图结合"资本主义因素"进行"现代化"，一系列早期现代化实践探索，积累了难能可贵的经验；中国共产党人采取"农村包围城市"的革命道路，强调城乡兼顾，孕育着"社会主义"的萌芽。

1949年新中国成立后，中国经历了剧烈的社会变革，建立了社会主义制度。在计划经济时期，城市发展从属于国家工业化发展计划，城乡空间成为国家调节城乡关系、工农关系的一种工具。具有强烈的计划经济特征的空间实践，包括推广人民公社运动、建立户籍制度等等，都旨在维持一个均等化的空间图景、消除城乡差别。这种社会主义计划经济的空间"乌托邦"，无论与传统中国的"乡村关系"还是与西方资本主义的"城市关系"都轩然有别。

1976年以来，我国经历了一系列重大的社会观念变迁与体制转型，逐步突破计划经济体制，转向了以经济建设为中心的社会主义市场经济体制。制度变迁逐步解放了资本、劳动力和空间，也推动了城镇化进程。伴随着渐进式改革开放，中国城镇化大致经历了两个阶段：1988年以前，农村工业化推动的小城镇大发展成为城镇化的主要形式；1988年后，国家全面推进土地和住房的商品化与市场化改革，迅速扩大了资金来源、减小了财政负担，以地方政府主导下的城市建设成为城镇化的主流。如果说前一个阶段小城镇大发展突破了城乡低水平均衡，那么后一个阶段无疑步入了"城市关系"主导下的城镇化进程，开启了中国快速城镇化的新时代。

总体来看，从1949年发展至今，社会主义中国已经走过了60余年的发展历程。就中国城乡关系变化而言，在前30年，中国走的是一条非城镇化的工业化、消除城乡差别的道路；在后30年，中国逐步经过小城镇大发展最终走向了资本城镇化时代，城市在国民经济发展中居于绝对的核心地位，农村社会沦为"边缘"，"城市关系"毋庸置疑地成为社会主流。毋庸讳言，资本逻辑下中国的快速城镇化已经带来了前所未有的问题，包括住房难、看病难、上学难、就业难等城市社会问题，"去村化"、农村衰败、乡土文化消逝等农村社会问题，以及土壤、水、空气污染等环境问题。这些问题集中涌现且相互关联，堪称"城镇化危机"，日益威胁人民的安居乐业和城镇化的健康发展。在未来30年，中国应当进一步明确发展方向和路线，走一条基于"新型城乡关系"的"新型城镇化"道路。

乡村关系、城市关系与"新型城乡关系"比较

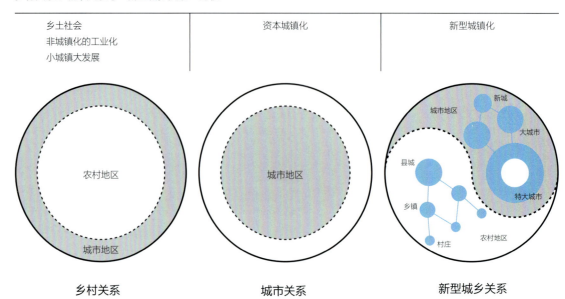

新型城乡关系与新型城镇化

透过城乡关系（更本质地讲是生产关系）来看，城镇化及其空间生产就不仅是一个社会现象，还是一个社会过程，是一个生产关系、社会关系再生产的过程，也是社会利益的再分配过程。

新型城镇化要建立新型城乡关系，并采取一系列空间策略。新型城乡关系实质上是新型的城乡生产关系，归根结底，还是社会的公平、正义问题。在空间生产逐渐成为社会生产的关键领域的过程中，空间成为重要的生产资料，空间的权利则成为决定社会主导关系的关键因素。空间生产不能仅仅有一部分人、一部分地区参与，空间生产参与以及生产创造的社会财富，都应当由社会共享，这也是社会主义建设的基本要求。

在城镇化中，空间最直接的形式就是土地和住房，土地使用权和住房权就是城乡关系的重要反映。土地的开发权由城市垄断、住房的利益（特别是房地产增值收益）为少数城市居民占有，在这种情况下，新型城乡关系也无从谈起。我们设想，从探索新型土地开发模式、建立新型城乡空间利益调节机制入手，建立新型城乡关系，也就是以空间实践为手段，协调社会利益关系、协调人与人的关系，通过创造和维护城乡发展机会公平、规则公平的社会环境，探索一条新型城镇化发展之路。我们认为，土地财政需要改革，但并不意味着一定简单地取消土地财政，而是强调土地财政不能成为城市剥削乡村的工具，强调要在新型城乡关系基础上建立新型土地财政。

马克思主义认为，生产关系必须与生产力相适应，生产关系的变化对生产力会产生反作用。我们认为，空间生产也是生产力，改革城乡关系、建立新型城乡关系，这是最大的改革，这有助于生产力的进一步解放。

新型城镇化与现代化建设

城镇化是人类历史进程上的一次"巨变"。西方现代化实践经验表明，城镇化与工业化同源，是现代化的一个重要组成部分。我们认为，中国的特殊性在于，工业化与城镇化并不同步，这有着特殊的历史原因。中国近现代史是追求现代化的历史，经过乡村建设主导、计划经济安排、小城镇勃兴、城市发展带动等不同阶段，中国城镇化及其空间生产从无到有、从消极应对到主动发展，不同的空间实践形式正是不同的现代化方案的显著标志，也为我们认识中国从传统农业社会向现代工业社会转型提供了一个独特的视角。

1964年，毛泽东在审阅全国人大三届一次会议的《政府工作报告》草稿时就指出："我们不能走世界各国技术发展的老路，跟在别人后面一步一步地爬行。我们必须打破常规，尽量采用先进技术，在一个不太长的历史时期内，把我国建设成为一个社会主义现代化的强国。"根据毛泽东的要求，周恩来在《政府工作报告》中制定了分两步实现现代化的设想：第一步，用十五年时间，即在1980年以前，建成一个独立的比较完整的工业体系和国民经济体系；第二步，在20世纪内，全面实现农业、工业、国防和科学技术的现代化，使我国国民经济走在世界的前列。在很大程度上，我国计划经济时期"非城镇化的工业化"的空间实践，也服从国家实现现代化任务的战略安排。

1960~1970年代，中国现代化经过了一段曲折而坎坷的道路，在20世纪末实现现代化的设想已成为历史的美好愿望。改革开放后对经济发展战略作了重大调整，但是并没有放弃现代化这个宏伟蓝图，而是对实现现代化的路径和安排做了重新的思考，中国再次走上了实现现代化的历程。2012年末，党的十八大报告重申，"全面建成小康社会，加快推进社会主义现代化，实现中华民族伟大复兴，必须坚定不移走中国特色社会主义道路"。

有序推进城镇化是我国现代化建设的重要任务，关系着现代化的成败，这已经成为社会共识。究竟如何在人多地少、城乡区域差异大、生态承载力接近极限的情况下推进城镇化？这需要妥善处理人地关系与城乡关系。我们认为，城市作为中国现代化建设、参与国家竞争的重要载体，离不开空间生产；乡村地区走向复兴，特别是绝大多数县城和一定比例的建制镇、村庄，也要参与到资本循环里面去、走上空间生产道路。关键在于，新型城镇化过程中，无论城市还是乡村，都不能在空间生产过程中各自为政，而是应当寻求平衡和互补。特别是广大的农村地区，空间生产既要成为改善当地居民生活质量的手段，也要发挥生态、文化、景观特色，成为空间生产的有机组成部分。

显然，这种空间实践是一条城乡共生、社会公平、空间共享的城镇化道路，是中国现代化建设的组成部分。它既不是简单地强调中华文化之独特性，也不是片面地将狭义的现代化作为乡土社会的归宿。

城言市语
City Speaks

"城言市语"专栏每期会选择一个当前在海外城市研究和实践领域内的课题,介绍国际上当前热门的低碳项目实践或学术探索,从而带出我国在新型城镇化路程中可以参考的理念

城市树木的经济效益:被众人遗忘了的资产

□ 撰稿 叶祖达

在炎夏的季节,当你走在城市街道的树荫下时,有没有想到城市树木是一种资产,它们带给我们城市的经济回报有多少?

经济对环境:"零和的游戏"?

在一个经历快速全球化的时代,我们的城市正面临着一个不确定的未来,当城市走过了无止境的发展扩张,不停地向往高消费生活的模式时,我们还可以借鉴自然的力量帮助我们的城市恢复平衡与和谐,协调人与自然的平衡关系吗?我们当然不会没有认识到自然环境对一个可持续发展城市的重要作用,对要同时达到经济繁荣、社会健康、环境保护的可持续的城市发展更是我们过去几十年来一直在追求的理想。但要把生态环境建设与经济价值提升放在一起,很多人都觉得是一个十分困难的选择,我们一直都以为这是一个"零和的游戏"。

近期国外有不少的研究提出了明确的证据,我们的城市与周边地带组成的绿色生态空间是我们的"绿色基础设施"(Green Infrastructure):城市公园、开放空间、城市树木、道路旁边绿地、小区内的绿化、绿色屋顶、城市森林,而至我们近郊的农田、林地、湿地、水道系统等形成的一个系统,都在为我们每个人提供必要的"生态系统服务"。这些"生态系统服务"不仅包括环境保护如减缓气候变化的影响,也有广泛的社会和经济效益。而这些服务带来的经济效益是可以量化的,使我们具体了解我们的投资的资产(我们的城市绿色生态空间)为我们带来多少的回报。

绿色基础设施是一个集合空间与生态系统的综合理念,它是把在城市、近郊和郊区内生态绿地连接为一体的绿色生态网络空间,可以创造一个更健康,更安全,更宜居的人居环境。它也可以增加城市的生物多样性,并提供路线鼓励可持续的出行形式,如骑自行车和步行。在缺乏空间的高密度城市环境下,它包含的绿色屋顶和立体绿化可以丰富城市的形态,并有助于带来更清洁的空气。绿色基础设施还可以支持一个城市水资源管理体系,使城市可以应对气候变化,通过新建或改造城市的人工湿地系统提升透水、洁净、储水功能。绿色空间内植被提供了城市对极端天气、温度反常和暴风雨有效的保护。这些重要的环境改善功能叫"生态系统服务功能"。

生态系统服务功能对人类生存是极为重要的。研究与实践表明,自然生态系统的具体功能虽然人工与科技可以替代(例如洪水控制、污水净化、土壤修复等),但在城市整体尺度上,规模化的自然生态系统功能至少到目前为止仍然没有人工可以替代的可能,而近年由于气候变化带来的极端天气、风暴、洪水等对城市的破坏和威胁更显示人力比自然力量远远不如。从这个角度上讲,自然生态系统服务对人类的生存与发展具有不可替代性。自然生态系统服务的质量和数量是决定人类生存与可持续发展前景的决定性条件。维护和建设良性循环的自然生态系统就是在维护人类文明的基础。

我们资产的回报有多少?

基于绿色基础设施的生态系统服务功能会为城市带来经济价值,国外已有政府展开制定鼓励投资绿色基础建设的政策,并对其经济价值做出评估。

英国政府在 2011 年公布的《自然环境白皮书》(Natural Environment White Paper 2011, NEWP)和于 2012 年发表的《国家规划政策框架》(National Planning Policy Framework 2012, NPPF)都认识到绿色生态空间的重要经济价值,是可以实现更加可持续发展的路径。根据《国家规划政策框架》,地方城市规划必须把绿色基础建设纳入为地方政府城市经济发展的战略重点,并要对现有与规划的绿色基础建设规划产生的经济效益做出评估,而评估的经济数据会被用为城市建设与管理决策的财政考虑依据部分之一。《国家规划政策框架》强调绿色空间多功能用途的重要性,制定城市规划要"促进混合用途发展,并鼓励在城市和农村地区的绿色空间上多重效益的使用,发挥绿色基础建设的生态服务功能"。《自然环境白皮书》与《国家规划政策框架》推动绿色基础建设的基本理念是立足于近年一系列全球对绿色基础建设的经济价值量化的研究成果,部分研究的数据是很有启发性的:

· 英国国家卫生服务局(National Health Services)通过研究绿地对国民的健康情况带来的影响,计算出如果英国每个人都可以随时使用到公共开放绿地,国家卫生服务局可以每年节省 21 亿英镑的医疗财政开支。

· 于 1988 年至 1996 年,在美国田纳西州查塔努加市投资建设的改善城市环境工程,如新公园,绿道及行道树等,产生了大约 5 亿美元外来投资的经济回报。

- 在丹麦哥本哈根市，每增加 10% 的自行车出行率，通过市民的健康水平提升，社会每年就节省了医疗保健费估计 1200 万美元。
- 纽约市市公园局使用树木评估方法，对城市绿地上的树木带来生态服务功能加以确定，并核算出市内在五个行政区内 60 万街道景观树每年提供了 1.22 亿美元的服务价值，相当于它们五倍以上的周年维护费。

到一个城市的绿色生态资产上，从经济角度评估城市的绿色基础设施（如小区绿地、公路旁树木，公园和花园，林地，野生的地区和其他绿色生态系统）带给我们的回报。这也就是说：城市的绿地、树木、花草都是一种有形的资产，是城市在发展过程中的投资，而这些资产是会产生经济效益的。

我们的城市公园、树木、道路旁边绿地、小区绿化、绿色屋顶等都不只是景观美化，而是我们的经济资产。

1.4 亿美元的回报

绿色基础建设一个重要的元素是城市树木，芝加哥市的 iTree 系统由农业部林务局、美国能源部开发，已得到地方政府效法广泛应用。该 iTree 系统可以量化各种城市条件与因素，如节约能源、大气减排、改善空气质量、雨水径流、美学、生活舒适性等的货币价值。美国农业部于 2013 年发表了对芝加哥市的树木资产评估数据，其中对城市树木的生态功能进行经济价值量化（表）。芝加哥市的树木株数超过 1.57 亿株，树木与灌木冠盖为城市提供了 21% 的覆盖，大大减低城市夏天的温度与热岛效应。树木每年空气污染去除功能的等值是 1.37 亿美元，而改善环境带来建筑节能节省能源费是 4400 万美元。就是这两项的投资回报已超过 1.4 亿美元。

城市树木也给我们的城市带来明显的经济回报。美国芝加哥市近年展开评估市内数目的经济价值。这种理念将能协助政府、市民、企业更好地理解绿色空间的真

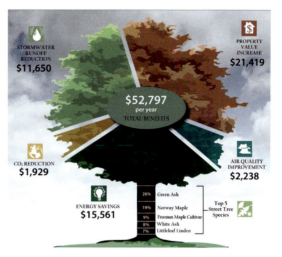

城市树木给我们的城市带来明显的经济回报。树木的生态功能包括减碳、节能、空气污染控制、地表水管理、房地产价值提升等，量化树木的资产价值理念将能协助政府、市民、企业更好地理解绿色空间的真正价值

专栏作者 叶祖达博士

香港规划师学会原会长，现任英国奥雅纳工程顾问公司规划发展总监，负责在国内与亚洲地区推动低碳生态城市实施；北京大学深圳研究生院与香港中文大学亚太研究所兼职教授，率先在两所大学建立气候变化与城市规划研究生课程；目前在香港和上海居住

正价值，从而推动规划城市的绿色生态资源，提供更好的政策保障与保护的承诺。

生态服务功能有明显的经济价值

如果城市的绿色基础设施提供的生态服务功能有明显的经济价值，那我们可以量化这些功能的经济价值，给城市绿色空间一个公平的评估。一般情况下我们都知道政府和开发商经常关注城市内建筑资产存量的经济价值，包括基础设施和房地产资产。同样地，我们可以把货币价值附加到一个城市的绿色生态资产上，从经济角度评估城市的绿色基础设施（如小区绿地、高路旁树木，公园和花园，林地，野生的地区和其他绿色生态系统）带给我们的回报。这也就是说：城市的绿地、树木、花草是一种有形的资产，是城市在发展过程中的投资，而这些资产是会产生经济效益的。

我们的城市公园、树木、道路旁边绿地、小区内的绿化、绿色屋顶等都不只是景观美化，而是我们的经济资产。

芝加哥市

绿色基础设施是一个集合空间与生态系统的综合理念，它是把在城市、近郊和郊区内生态绿地连接为一体的绿色生态网络空间

芝加哥市城市树木资产评估（2010 年）

城市树木特征	量化指标
株数	157142000
树木与灌木冠盖	21%
树木冠盖	15.5%
树木树干直径小于 15 毫米	73.3%
树木空气污染去除功能的等值	18080 吨 / 年（价值 1.37 亿美元 / 年）
树木改善环境带来建筑节能节省能源费	4400 万美元 / 年

资料来源：David, JN et al.Urban Trees and Forests of the Chicago Region [M]. United States of Agriculture, 2013

《首都计划》昔与今

□ 整理 许景

《首都计划》于 1929 年编制完成，其折射了肇始于十九世纪末的西方现代城市规划思潮的形形色色，牵扯了一场规模同样可观的技术与政治之争，见证了辛亥革命终结帝制之后，中国在那个动荡年代里的光荣与梦想。

《首都计划》是继明成祖朱棣改建北京之后，近六百年来，中国的首都城市进行的又一次重大规划；也是自辛亥革命终结帝制之后，中国第一次试图按照西方现代理念打造理想都城。正如吴良镛先生所言："可以认为中国具有近代意义的大规模城市规划是从南京开始的，因而更有一定的时代价值。"

City Diary | 城记

《首都计划》与《首都大计划》

南京近代城市规划始于1919年。自1919年至1949年的30年间，共进行了大小深浅不同的城市总体规划7次，分别为1919年的《南京新建设计划》、1920年的《南京北城区发展计划》、1926年的《南京市政计划》、1928年10月的《首都大计划》、1929年12月的《首都计划》、1930~1937年的《首都计划的调整计划》和1947年的《南京市都市计划大纲》，其中以1929年的《首都计划》最为完备。

1927年4月18日，国民政府定都南京，"训政肇端，首重建设，矧在首都，四方是则。"1928年北伐成功，国民党宣告中国统一，随即在首都南京展开规模浩大的规划建设活动。国民政府命令"办理国都设计事宜"，而计划中的首都要求"不仅需要现代化的建筑安置政府办公，而且需要新的街道、供水、交通设施、公园、林荫道以及其他与20世纪城市相关的设施"。1928年11月1日，南京国都设计技术专员办事处成立。林逸民任处长，主要负责管理。顾问为来自美国的亨利·茂菲（Henry Killam Murphy）与古力治（Ernest P.Goodrich），其主要负责规划工作，并终于1929年12月汇集成册。

谈到《首都计划》，就不能不谈到《首都大计划》。国民政府复定都南京后，在《首都计划》编制之前的1928年初，南京市工务局已经开始编制都市计划，三易其稿，于同年10月公布，由当时的市长何民魂定名为《首都大计划》。这是国民政府时期南京编制并有所实施的第一部都市计划，对南京近现代城市格局特别是路网骨架的形成起着重要作用。

《首都大计划》的指导思想是"三化"。市长何民魂提出："要把南京建设成'农村化'、'艺术化'、'科学化'的新型城市。"何氏关于南京城市发展的思路并未盲目照搬西方模式，而是立足国情，贴近现实。即根据南京自己的特点，意图因地制宜地把南京建设成为一个环境优美的、具有东方艺术气质的公园式城市。一方面，南京具有有山有水的特点，把南京建设成"艺术化"的城市具有得天独厚的天时、地利条件。另一方面，南京的城市功能主要是政治中心和文化中心，而不是经济中心，这一点也非常符合南京的实际情况。于是，市政府根据这一构想很快推出了一份详细的城市发展规划——《首都大计划》，初稿于1928年2月完成，1928年6月又对"初稿"进行修订。

"我们为什么要它农村化呢？原来中国是以农立国的，农民占全民百分之八十五，农产品也极其丰富，首都是表现一国特殊精神所在！所以我们一定要主张将首都农村化起来；而且南京有山有水，城北一带，农田很多，只要稍微建设，即有可观，我们为着要把东方文明与艺术的真精神——整个表现出来！同时主张'艺术化'，'科学化'。若是专一歆美欧美的物质文明，抄袭人家成文，有甚意义，反觉把自己真美失掉了，所以要建设'农村化'、'艺术化'、'科学化'的新南京！"

——1928年2月22日，何民魂在一次市政演讲中，对之所以提出"三化"的解释

但市府的"三化"设计最终却未能付诸实施，《首都大计划》迅速被《首都计划》所取代。何民魂于同年6月去职。1928年底、1929年初，国民政府先后设置"国都设计技术专员办事处"和"首都建设委员会"作为负责首都规划和建设的办事机构和最高主管机关，着手编制《首都计划》。

虽然《首都大计划》迅速被取代，但在某种程度上，《首都计划》又像是对《首都大计划》的修编，它继承了后者的道路系统骨架，当然，这也是形势使然。1929年6月国民党葬先总理孙中山于紫金山，作为迎榇大道，连接中山码头与中山陵的中山大道必须先期完成。《首都计划》编制之前，1928年8月，长12公里、宽40米的中山大道开工，在刘纪文的铁腕下紧锣密鼓般建设，次年5月告竣。南京的城市道路系统由此定调，《首都计划》也只能全盘接受。

《首都计划》共编制了二十八项内容：南京史地概略，今后百年人口之推测，首都界线，中央政治区地点，市行政区地点，建筑形式之选择，道路系统之规划，路面，市郊公路计划，水道之改良，公园及林荫大道，交通之管理，铁路与车站，港口计划，飞机场站之位置，自来水计划，电力厂之地址，渠道计划，市内交通之设备，电线及路灯之规划，公营住宅之研究，关于学校之计划，工业，浦口计划，城市设计及分区授权法草案，首都分区条例草案，实施之程序，款项之筹集等

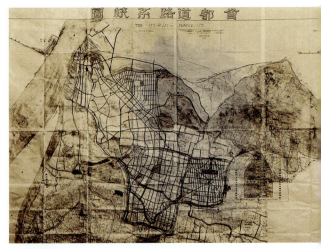

道路系统图

在道路系统上，《首都大计划》首次拟定了中山大道。初稿设定的中山大道由鼓楼直抵仪凤门。其他干道南北向有：鼓楼至聚宝门；鼓楼经成贤街花牌楼至益仁巷；鼓楼经干河沿直至秦淮河。东西向有：汉西门经大行宫至朝阳门；汉西门经中正街至大中桥；水西门经奇望街至通济门。道路宽度分为50米、40米、30米和24米4个等级。二稿修订时，中山大道调整为由鼓楼经海陵门至中山码头，实施的迎榇大道即以此为依据。另外又规划了正南北向的子午路。这一路网结构奠定了民国南京道路系统的基本格局，也是后来《首都计划》中道路系统的骨架

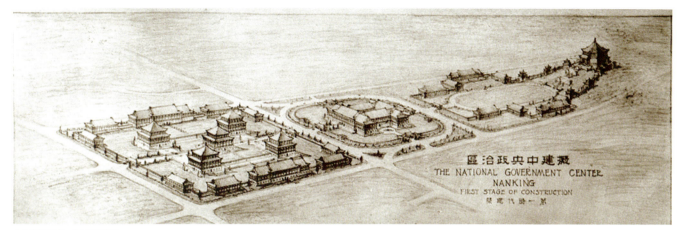

中央政治区第一时代鸟瞰图

《首都大计划》欲实现的"三化"，特别是强调东方文化的"艺术化"，这正是茂菲追求的境界。在《首都计划》中，建筑艺术被摆在了突出位置，它专辟"建筑形式之选择"一章，提出"要以采用中国固有之形式为最宜，而公署及公共建筑物，尤当尽量采用"，但是，"政治、商业、住宅各区之房屋，其性质不同，其建筑法亦自不一律"。具体而言，"政治区之建筑物，宜尽量采用中国固有之形式，凡古代宫殿之优点，务当一一施用"，"至于商店之建筑，因需用上之必要，不妨采用外国形式，惟其外部仍须有中国之点缀"，住宅则"无须择取宫殿之形状，只于现有优良住宅式样，再加改良可耳"。

中央政治区之选择

中央政治区地点选择有三：紫金山南麓、明故宫和紫竹林。在茂菲的蓝图中，中央政治区选址于南京紫金山南麓，这位雄心勃勃的设计师意在此地打造类似美国的"国会山"。划定该区面积为 77580 公亩（775.8 公顷），较华盛顿中央政治区 65000 公亩（650 公顷）更为充足。"处于山谷之间，在二陵（明孝陵、中山陵）之南，北峻而南广，有顺序开展之观，形胜天然，具神圣尊严之象"，其优点包括："面积永远足用"、"位置最为适宜"、"布置经营臻佳胜"、"军事防守最便"、"于国民思想上则有除旧更新之影响"。茂菲的结论是："盖用紫金山南麓为中央政治区域，则明故宫适为商业最宜之地；改用明故宫为政治区域，紫金山南麓未必可为商业用地。综上正负各面理由，中央政治区域地点，终以紫金山南麓为最适当也。"

《首都计划》特别认为以紫金山南麓作为中央政治区"于国民思想上则有除旧更新之影响"。《首都计划》对此说明："查世界新建国都，多在城外荒郊之地，如澳京之近巴那（堪培拉）、土耳其之安哥拉（安卡拉）、印京之新大理（新德里），无一不然，一方固可规划裕如，一方亦有鼎新革故之意。该地（紫金山南麓）位于郊外，实与斯旨相符，如地在总理陵墓之南，瞻仰至易，观感所及，则继述之意，自与俱深。"

然而，这些最终只是茂菲和主管官员们的梦想。吕彦直的设想也许更符合最高当局的意图，他主张设"中央政府区"于明故宫旧址，他在《规划首都都市区图案大纲草案》中建议，拆除南京东、南两面城垣"以扩成为最新之市区"，"照本计划之所拟，将来南京都市全部造成之时，此处（即明故宫——笔者注）适居于中正之位"。蒋介石，名中正，"中正之位"的描述，或拨动了蒋介石的心弦。

当然，从更为现实的角度出发，将中央政治区设在紫金山南麓，恐怕也是当时刚经历完北伐的国民政府财力无法承受之重。

1930 年 1 月 17 日，蒋介石亲笔批示："行政区域决定在明故宫，全城路线应即公布为要。"国民政府向首都建设委员会发布训令："行政区域决定在明故宫。"

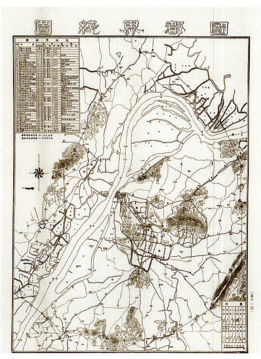

国都界线图

《首都计划》规划的国都界限，南起牛首山、北至常家营、西至和上路、东至青龙山，界限全长 117.2 公里，面积达到 855 平方公里，是明城墙内区域的 20 倍。规划范畴包括江北浦口地区 200 平方公里，突出地强调了南京作为沿江城市的地位，为南京的沿江发展提供了依据

城墙废与存

清末,随着维新改良运动兴起,学习西方城市建设的做法成了历史的必然,拆除部分段落城墙建公路和铁路通道以及开辟新城门,对于近代化风潮中富含改革思想的许多人士而言,是一项告别旧时代、迈向新思维的象征。辛亥革命之后,明皇城一带又成为采石场,南京市内甚至出现买卖城砖的店铺。美国建筑师史摩尔(A. G. Small)以城砖为材料,设计建造了仿中国官式建筑的金陵大学北大楼(1919年竣工)。民国年间,原有明代南京城墙的四重格局,除都城城垣基本保持原状外,其他三圈城垣或被改筑,或大部废弃,此后所称的"南京明城墙",一般仅指明代都城墙。

如此"焚琴煮鹤",终因1929年叫停拆城,而没有在南京更大范围上演。

1927年,国民政府定都南京后,南京市政府提出"以新都建设需要,将标卖南京全城城垣城基",打算全部拆毁南京城墙。消息传出,社会舆论一片哗然,社会名流中保护城墙的一位代表人物就是徐悲鸿,1929年1月,他在上海发出电报,请求"留此美术上历史上胜迹"。他又撰写《对南京拆城的感想》,直斥此事件是西湖雷峰塔被毁之后的"续貂之举",讽刺主事者堪比"食其砖当药石"而致雷峰塔倒塌的"妄人",直斥国民政府目光短浅,"欲毁灭世界第一等之巨工,溯其谋乃利其砖","而使我四万万人拱戴之首都,失其徘徊咏叹、徜徉登临、忘忧寄慨之乐国也"。徐悲鸿对南京明城墙的价值认知,从过去的单纯的实用范畴,提高到历史文化价值和艺术审美领域的范畴,扩大了城墙科学、美学价值和情感价值的社会认同,这在明城墙保护史上是一次重大的价值认知转型。

"西湖雷峰塔,非以年代久远,建筑不固,而自倒者。因有妄人生病,食其砖当药石,因致万劫不复,遂丧西子湖之魂。乃不五年,又有此续貂之举,尤欲言美术,谈文化,噫嘻!"

——徐悲鸿《对南京拆城的感想》,1929年1月

国民政府内部的有识之士也利用行政工具与主张拆城者进行博弈。1928年,中央陆军军官学校在蒋介石的授意之下,提出拆城墙砖建军校学堂的要求,时任南京市市长的刘纪文一方面答复说,"查太平门至丰润门一段城墙,职府并无议决拆卸之成案",一方面争取国民党内高官和社会舆论的支持。茂菲的态度坚决:"应该通过首都新建筑的设计使中国的建筑得到完整的利用,不惜任何代价保留饱经沧桑的灰色城墙。"在一片反对拆城的呼吁声中,曾提倡"毁城建道"的孙科杀了一个回马枪,站到了茂菲这边。1929年3月5日,孙科向国民政府呈文:"窃查国都设计评议会于3月1日开第二次会议讨论,当由茂菲顾问发表关于南京城垣存废意见,以为南京城垣尚非无可利用之处。在计划未经决定以前,应暂予保留,以便设计。惟查现在该城垣有一部分,方在拆卸之中,似应行制止,免与将来所定计划或有冲突。当经一致赞同在案。理合备文呈请鉴核。伏乞迅予饬令南京特别市市政府即行停止拆城工作,以便设计。"刘纪文顺水推舟,3月22日向国民政府递交关于执行《停止拆城工作情形》的呈报,表示"现既奉令停止拆卸,遵即函致该校即速饬工停止拆卸,此外并无其他拆城工作等情"。

拆城之事,幸未扩大。茂菲在这当中扮演了微妙的角色。茂菲有着出色的公关能力,在以往的设计中,他总是能够在坚持自己的想法时,让业主感觉得到了更好的东西。为表明南京城墙"尚非无可利用之处",他提出在城墙上行驶汽车,使之成为近代化的环城大道,这被写入了《首都计划》的最后文本。

对这个未获实施的环城大道方案,后世史家评说不一,但它毕竟使明太祖朱元璋历时二十八载建造的约33公里长的城垣,得以继续屹立于紫金山下,南京保存基本完好的明代城墙全长约25公里,是世界上现存最长的古代城墙,也是中国少有的保存完好的城墙。更重要的是,它唱了广州拆城的反调——在后者的示范下,1927年北伐军拆毁了武昌城墙,国内其他城市也在效仿,北京也受波及,其皇城城墙在1921年至1931年被大规模拆除。1928年,留德博士张武提出《整理北京计划书》,更是希望彻底拆除北京内外城城墙。由于国都的示范作用,北京拆城的方案也没有在民国时期施

前期调研小组在水西门段城墙上考察

行,多存世 30 年。

1930 年,张其昀在《首都之地理环境》中分析没有拆除城墙的原因是"盖用城砖拆城,工费太巨,得不偿失",事情当然没有这么简单。客观上促使 1930 年代至新中国成立前南京明城墙大部分得以保存的还是其与生俱来的军事防御价值因素。1934 年,当时的南京警备司令谷正伦提出了《关于南京城防的建议案》,将修葺南京明城墙列入了城防计划,南京明城墙因此最终得以保留。

而对《首都计划》来说,留下了城墙这个茂菲心中的中国象征,书写其他段落也才顺理成章。

中山大道与法国梧桐

《首都大计划》和《首都计划》效仿当时美国一些城市,采用放射形及方格网相结合,以新街口环形广场为中心,以中山北路、中央路、中山路、中正路(今中山南路)、中山东路、汉中路为骨架的道路系统。这一道路系统的主骨架的建设是民国时期城市规划的实施中最为成功的范例。中山大道(中山北路、中山路、中山东路)"三块板"的道路断面形式,山西路、鼓楼、新街口等圆形广场,并以悬铃木(俗称"法国梧桐")形成"绿色隧道"——中山大道两旁的宽阔法桐林荫道,已成为南京最大的城市特色之一,两旁还分布着国民政府的一些重要的行政办公建筑和文化建筑,成为民国南京的一条主要轴线。这一道路系统和空间布局形成了民国时期南京主要的城市格局。

修建中山大道是为了孙中山的奉安大典——将孙中山的棺木从下关火车站,穿过拥挤嘈杂的城区,隆重庄严地运往中山陵墓。当时的市政当局抓住这一机会,彻底改造了城市交通系统。刘纪文决定先拿规划中中山南路沿线的总司令部开刀,它一让路,其他障碍自然不在话下。建成的中山大道全长 12 公里,沿着下关,过挹江门至鼓楼、新街口,经逸仙桥到中山门,比当时号称世界第一长街的纽约第五大道还长。美国作家爱泼斯坦曾写下自己的见闻,把当时的南京比喻为一座带有普鲁士色彩的官府,"与世界上很多强国的首都相比,丝毫不逊色"。

中山大道的各段都冠以"中山"之名,显示其非凡的政治意义,采用新官式的重要行政建筑分列两侧。为加快首都"门面"的建设速度,蒋介石甚至在 1935 年直接下令要求"自挹江门至鼓楼止的中山路两旁三十丈内限期建筑",最终在中山大道沿线形成了堪称"中国近代建筑历史博物馆"的一系列建筑群。

如今中山大道仍是南京城市的骨架,交汇处的新街口也是城市中心。所不同的是,当年沿途栽种的 4 排行道树,前几年拓宽道路的时候把中间两排砍掉了。大道两旁最显著的变化当然是那些现代化的高楼大厦,民国建筑静静地淹没其中。

建筑形式之选择

《首都计划》中破例将城市的建筑风格列为重要的规划内容加以研究,并决定在首都建设的现代化过程中选用"传统化"的建筑样式,以尽可能地拓展民族主义空间,突出国家主权与民族文化。对此国都处负责人林逸民特别指出"国都的计划完全不同于欧美的城市计划方式",并提醒对首都进行设计的规划师们,中国传统建筑样式与城市规划要遵循历史上中国最强大繁荣的时代,要充分借鉴中国传统建筑中的优秀民族特色。

故《首都计划》在第六章《建筑形式之选择》中特别说明,基于"发扬光大本国固有之文化"、"颜色之配用最为悦目"、"光线空气最为充足"和"具有伸缩之作用利于分期建造"等四项理由,中央政治区、市行政区里的政府公署、新商业区里的商店、新住宅区的市民住宅和公共图书馆、博物馆、演讲堂等公共场所,都必须采用中国固有形式加以建筑。即便在必须采用外国形式的条件下,仍要求在建筑的表面进行中国式的点缀。凡是建筑物外墙的周围也都应当具有中国亭阁屋檐的装饰,建筑物内部也应开辟庭院。显然规划者希望以这种建筑形式的控制来体现中华文明,特别是首都南京的特色。

而至于为何要坚持"发扬光大本国固有之文化",《首都计划》解释道:"一国必有一国之文化。中国为世界最古国家之一,数千年来,皆以文化国家见称于世界。文化之为物,大多隐具于思想艺术之中,原无迹象可见。惟为思想艺术所寄之具体物,亦未始无从表出之;而最足以表示之者,又无如建筑物之显著。故凡具有悠久历

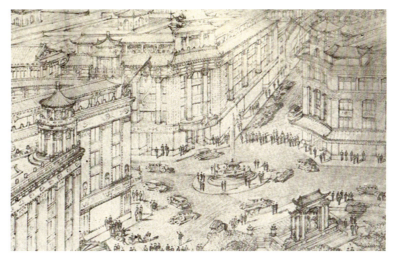

新街口道路集中点鸟瞰图

中央政治区鸟瞰图

首都城内分区图

南京1928年人口为49.75万人，预测百年后南京人口为200万，规划控制城区内居住人口72.4万为限，其余人口安置在城区外。规划分区为：中央政治区在中山门外紫金山南麓；市行政区在鼓楼以北的傅厚岗；两个工业区在长江两岸及下关港口；商业区在明故宫、新街口一带；文化区在鼓楼、五台山一带；新住宅区在山西路一带

经典政府办公建筑形式

史之国家,其中固有之建筑方术,固当保存勿替,更当发扬光大……国都为全国文化荟萃之区,不能不藉此表现。一方以观外人之耳目,一方以策国民之兴奋也。"

在《首都计划》对建筑形式作"本诸欧美科学之原则,吾国美术之优点"的原则要求下,新的建筑技术和建筑材料在当时的南京被广泛采用,但民族建筑风格则继续在建设过程中大放异彩。一批从欧美留学归国的建筑师和工程师聚集南京,他们在这里大显身手,在城市规划和建筑设计中作了不懈的努力,对在新式建筑中如何体现中国传统作了各种探索。现存的具有代表性的民国建筑有200余处。如今南京市规划局将134处民国建筑列入保护,其中定为一级保护的民国建筑57处,二级保护的53处,三级保护的24处,在中国甚至世界建筑史上都留下了极为珍贵的一笔。

公营住宅之研究:八十五年前的保障房设想

在厚达500多页对南京城的规划中,最出乎意料的章节当属"公营住宅之研究",换言之,在当时之南京,政府保障性住房即已进入南京城设计和管理者的视野。

《首都计划》表示:"个人之经济能力有强弱之不同,而弱者每居多数,以生计压迫之故,一部分人之生活,仅可置重于饮食之一端,而此关系甚大之居住,反不能加以相当之顾及,苟免暴露,即无所求,此种现象,都市尤甚。盖都市居住之难,大有过于村乡也。因是之故,居住之问题,遂成为一重要之社会问题。"

《首都计划》提出,住宅区主要为建"公营之住宅",其中供给"入息低微之工人"和"因拆屋而无家可归之居民"住用者在旧城"城南、城西、城中人烟稠密诸区";供给"政府职工"住用者在玄武湖东北及"中央政治区"东西南三面;工厂工人之住宅,应择下关及三汊河南部工厂区附近。对于高收入者在城北设有高级别墅区。《首都计划》住宅区的安排必然加剧贫富差别,加剧阶级矛盾,这当然是那个时代无法避免的。

同时《首都计划》提出,应借鉴欧美各国发展公营住宅的经验,对居住困难者予以救济,其营建费用,"或由中央负担;或由中央及地方负担;或由慈善机关负担;亦有贷借低利资金于人民,而使之自行营建者;更有贷借资金之外,又津贴建筑费若干成者"。其中,"以中央出资、市府营建为普遍,此种住宅,或收回低微之租金,或更免费借住,一视其种种情形之如何而定"。这可视为当时的一种保障性住房设想。

东水关南面住宅示范区发展情况

政府职工住宅鸟瞰图

土地财政与不动产税：带着经济学思想做规划

1929年12月，历时一年编制的《首都计划》由林逸民呈交首都建设委员会，并请"汇印成帙"。林逸民向首都建设委员会呈文，称计划的各项内容，"皆系按切现在将来情形从长拟定，务使首都一经建设，种种皆臻于最适用之地位，一方又于经济情形妥为顾及"，"关于各种建设，其在训政时期六年以内，即可完成其大部。此期建设费用计约五千一百八十万元。此后按期进行，其训政期内所未及之部分，亦复继续施设"。

"六年以内，即可完成其大部"——如此豪迈的表示，信心何来？事实上，这个计划从一开始就让一些官员怀疑：它到底是一个挥金如土的计划，还是一个切实可行的计划？

古力治倒是信心满满。"我们并不关心他们如何为这项工作提供资金，"他直白地说，"我们感兴趣的当然是企业的成功。我知道天津还在用十年或是二十年前制订的规划来改善现在的港口。"

他的潜台词或许包括，既然这是一个"以百年为标准"的计划，那么，为什么不能像华盛顿那样一步一步地实施百年呢？其实，《首都计划》已对许多经济因素加以分析，并给出解决方案。林逸民的信心基于这样的事实——城内还有许多空闲的官地，它们必将随着中央政治区、火车站等设施的建设而迅速升值，特别是明故宫一带"几全数属诸公有"，"一转移间，即就该地之价值而论，亦足以抵训政时期所用之五千余万元而有余"。

彼时，国民政府尚未开征城市不动产税，城市建设投资多靠售卖土地获得，与今日城市政府的"土地财政"相似。《首都计划》建议，"政府将新辟道路两旁地段若干尺以内，用价收买，将来路线筑成而后，所收买之地段，除筑路所用外，必有余地，此种余地，因交通之便利，以之出售，往往可获大利"。这一思路，被写入了《城市设计及分区授权法草案》，"市政府于辟宽或建筑街道竣工后，得随时将一部或全部逾额收用之土地，转卖于给价最高者"，"市政府于完成该计划后，得随时将任何部分或全部地段，转卖于给价最高者"。

有了"土地财政"的担保，首都建设委员便有底气提出5000万元的筹款计划，其中，各省负担2000万元，发行公债募集3000万元。《首都计划》称："敢信现在因实施计划而用之款，将来计划完成后，必可取偿而有余。盖不特港口、铁路、交通设备等项，利权甚巨，而改良道路、公路、公园等项，其直接或间接之收益，亦将不可胜计。南京自中山路筑成而后，附近土地之价值，多已超至十倍或十五倍，现方有加无已，可为明证。"

《首都计划》还认为开征城市不动产税，也即土地税，可有效回收土地增值中的公共服务投入："土地税为一最良好之税则，关于此项之税收，政府现方积极筹备，不久即可实行。将来土地税及土地增价税之收入，为数当属不赀。"这恰与今日酝酿中的不动产税（也称物业税或房产税）改革相似。

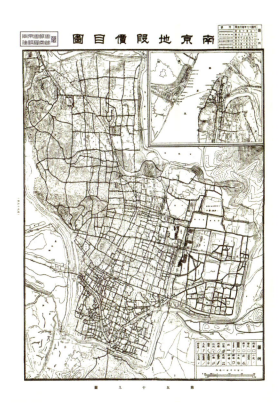

《首都计划》南京地段价目图

中华路地价 30～60 元/方，新街口附近地价 1～10 元/方，鼓楼 - 北极阁地价 1～10 元/方，下关沿江地价 100～200 元/方，明故宫一带地价，1～10 元/方。

近代中国城市规划开篇之作

《首都计划》的规划模式虽是本"总理遗教"作为规划宗旨编制的，但《首都计划》提出具体的规划思想则是："本诸欧美科学之原则"、"吾国美术之优点"作为规划的基本方针，宏观上采纳了欧美规划模式，而在微观上采用了中国传统形式。《首都计划》在规划方法、城市设计法案、规划管理等诸多方面批判地借鉴了欧美模式，引进人口规模预测、城市道路系统、城市功能分析等规划理论及方法，开创了我国现代城市规划实践之先河。

就具体形式而言,《首都计划》在城市空间布局方面，以"同心圆式四面平均开展，渐成圆形之势"为理想模式，明确提出避免使城市发展呈"狭长之形"，避免"一部过于繁荣，一部过于零乱"的非均衡发展。道路系统引进了林荫大道、环城大道、环形放射等新的规划概念与内容，以美国矩形路网为道路规划的理想模式。建筑形象提倡"以采用中国固有之形式为最宜"。当时的中央政治区、市行政区及新街口、秦淮河景区的建筑设计都充分体现了上述规划思想和观念。规划者对欧美模式采用三种态度分别对待，而非简单照搬。第一，对在欧美得到实践检验、具有普遍使用价值的规划模式，采用照搬的方法，直接将它们运用于《首都计划》之中，如在道路、铁路的设计方面，规划形式及指标都直接借用了欧美规划的成功经验；第二，有一定价值，但与中国国情不符不能直接适用于南京发展的欧美模式，则以灵活态度进行调整后再予运用，如在确定首都城市人口、城市分区用地方面，一些指标大都参照欧美的规划指标稍加修改而采用；第三，对在欧美国家实践后出现种种问题的规划模式，规划者作为反例，提出新的规划观念和模式，如在城市的道路选型上《首都计划》就力避"对角线式"的干道布局，规划认为，此种路型"设之过多，不独交通上管理极感困难，且令多数地块成不适用之现状。美京之华盛顿，即犯此弊"。

《首都计划》完成后，当时的国都设计技术专员办事处处长林逸民在呈文中写道："全部计划皆为百年而设，非供一时之用。"《首都计划》立足现实，面向未来，勾勒了未来南京城市建设发展的蓝图。但鉴于《首都计划》过于理论和超前，大部分构想没有实现，特别是中央政治区、商业中心区、环城大道、对外交通等构想皆在实施中被否定。另一方面，由于抗日战争的爆发，许多实践也被迫停止。然而,《首都计划》对南京城市格局的形成起了关键作用，直到现在还产生着现实影响。包括现代南京的城市格局、功能分区、一批公共建筑、道路系统的雏形等已经基本确立，奠定了今天南京城的民国特色。看当下南京之特色，比如古城墙、比如林荫大道、比如民国建筑等等，无不可追溯至彼时。

总而言之,《首都计划》反映出中国迈向近代化过程中，对西方规划思想的追寻，是城市科学化的城市规划观念与技术在中国传播的反映。与以往帝国主义占领的城市和地区，如青岛、大连、长春、上海、天津、香港等按照占领者的意图编制城市或租界区规划不同,《首都计划》是国内民族主义兴起后政府当局力图主导城市规划的一个开端和典范。《首都计划》的制订不仅是南京规划史上的一件大事，而且更是中国城市规划史上的一件大事。其实际价值并不在于它的具体实施，而在于它的理论及方法对中国现代城市规划发展的促进作用。《首都计划》是南京乃至中国近代城市规划的记忆，是珍贵档案文献，更是我们当代城市规划编制的经典案例和教材。

（感谢苏则民先生对本文写作的悉心指导和全力支持！）

参考文献

[1] 苏则民. 南京城市规划史稿[M]. 中国建筑工业出版社,2008.
[2] Planning the New Chinese National Capital. The Chinese Social and Political Science Review (Vol.XIV). 1930(3).
[3] 王军.《首都计划》的百年大梦.
[4] 凤凰卫视. 首都计划——国民政府南京建都志.
[5] 梁思成. 中国建筑史[M]. 百花文艺出版社, 1998.
[6] 孙科. 都市规划论[J]. 建设，一卷五号.
[7] 付立元，卢立菊. 1929 年的首都计划与南京[J]. 档案与建设,2009(10).
[8] 董佳. 首都营造与民国政治：南京《首都计划》研究[J]. 学术界,2012(5).

Frontier Observation | 观察·资讯

新型城镇化建设试点工作座谈会

国务院总理李克强日前主持召开推进新型城镇化建设试点工作座谈会时强调，推进新型城镇化，贵在突出"新"字，核心是写好"人"字。要改革创新、试点先行，扎实推进以人为核心的新型城镇化。

确权登记

国土资源部、财政部、住房和城乡建设部、农业部、国家林业局等五部委联合下发《关于进一步加快推进宅基地和集体建设用地使用权确权登记发证工作的通知》，明确要求将农房等集体建设用地上的建筑物、构筑物纳入宅基地和集体建设用地使用权确权登记发证的工作范围，实现统一调查、统一确权登记、统一发证。

棚户区改造

国务院办公厅印发《关于进一步加强棚户区改造工作的通知》，明确省级人民政府要抓紧审批棚户区改造规划，重点安排资源枯竭型城市、独立工矿区和三线企业集中地区棚户区改造。

户籍制度改革

国务院印发《关于进一步推进户籍制度改革的意见》，意见指出，全面放开建制镇和小城市落户限制，有序放开中等城市落户限制，严格控制特大城市人口规模，改进城区人口500万以上的城市现行落户政策，建立完善积分落户制度。

观察·数字 | Frontier Observation

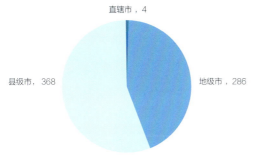

4.79 万

2013年城乡建设统计公报显示，截至2013年末，全国设市城市共计658个，其中直辖市4个，地级市286个，县级市368个；城市城区户籍人口3.77亿，暂住人口0.56亿，建成区面积4.79万平方公里。

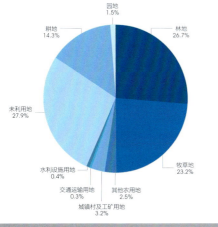

20.27 亿

国土资源公报显示，截至2012年底，全国共有农用地64646.56万公顷，其中耕地13515.85万公顷（20.27亿亩）；建设用地3690.70万公顷，其中城镇村及工矿用地3019.92万公顷。

 19.4 万亿

国土资源部数据显示，全国土地出让价款从2001年的1296亿元，到2013年首次超过4万亿元，13年间增长超30倍，总额累计达19.4万多亿元。

 10.8 万亿

审计署报告称，截至2013年6月底，地方政府负有偿还责任的债务10.8万亿元。2014年、2015年到期的政府负有偿还责任债务将有4.2万亿元。

 67.1%

能源基金会中国的《2013能源数据》显示，中国一次能源结构煤炭占67.1%，可再生能源发电量达到31.9百万吨油当量，上升到世界第二。

 <5000

全国首次传统村落调查结果显示，上报的1.2万多个传统村落仅占我国行政村的1.9%、自然村落的0.5%，其中有较高保护价值的村落已不足5000个。

"三个一亿人"城镇化方案将聚焦住房问题

在推进新型城镇化建设试点工作座谈会上,国务院总理李克强指出,新型城镇化要以着力解决好"三个一亿人"问题为切入点。可以预期,今后新型城镇化工作将在完善综合试点实施方案的基础上,重点推进"三个一亿人"城镇化方案的实施。

据相关人士透露,住房问题将是解决"三个一亿人"的重要方面,10月份公布的《关于发展住房公积金个人住房贷款业务的通知》首次提出"推进异地贷款业务",这一举措将进一步扩大住房公积金制度覆盖面,为流动人口的购房需求提供支撑。此外,推进各类棚户区改造、加快公共租赁住房的建设也将是今后住房工作的重要方面。

在相关政策方面,支持农业转移人口落户、棚户区和城中村改造、中西部地区就近城镇化的配套政策将是研究重点,今后将会推动《居住证管理办法》、《城镇住房保障条例》、《关于进一步做好农民工工作的若干意见》、《城市规模划分标准调整方案》等新型城镇化配套政策的出台。

国家启动跨省城市群规划编制,长三角扩大至三省一市

《国家新型城镇化规划(2014—2020年)》提出"中央政府负责跨省级行政区的城市群规划编制和组织实施"。为进一步推进城市群建设,近日,国家发改委会同有关部门启动了跨省级行政区城市群规划编制工作,选择部分跨省级行政区发展条件相对较好、未来潜力较大,对带动全国经济增长、促进区域协调发展、提升国际竞争力作用明显的城市群地区开展规划编制,第一批主要包括长三角、成渝、长江中游、哈长城市群四大城市群。

据悉,此次跨省级行政区城市群规划期为2015~2025年,并展望到2030年,规划主要任务包括城市群空间范围和发展定位、空间格局和城市功能分工、产业转型升级、重大基础设施、对外开放水平、生态环境保护和发展体制机制等七部分内容。

相关人士透露,此次长三角城市群规划将长三角范围在原《长江三角洲地区区域规划》的两省一市基础上增加了安徽省,扩大至上海市、江苏省、浙江省、安徽省三省一市。

观察·环球 | Frontier Observation

🇺🇸 美国：食物系统规划

食物系统规划应考虑保存现有的，支持新的本地和区域的都市和乡村农业的发展机遇；促进可持续农业和食物生产实践；支持本地和区域的食物价值链和与食物的生产、加工、包装和分配相关的基础设施；加强社区粮食安全；促进营养和健康；减少与食品相关的固体废弃物，完善循环利用处理系统。

🇺🇸 纽约：私人所有的公共空间

纽约通过城市公共空间打造提升城市活力，鼓励广场和商场等类型区域在其楼宇内外提供公共场所以创造良好的城市公共空间，这些由私人开发、管理，供公众使用的公共空间被称为"私人所有的公共空间（privately owned public space）"。到目前为止，曼哈顿共有500余块这样的空间，合计面积达到中央公园面积的十分之一。

🇬🇧 英国：全国最高车位标准

"全国最高车位标准"（National Maximum Parking Standard）规定除了为残障人士服务的车位之外，其他车位的最低配建标准被取消；一般情况下，不要求开发商提供多于他们愿意开发的车位，但开发商希望多建时，则必须受最高标准约束。

🇩🇪 德国：工业4.0

德国工业4.0标准化路线图强调未来工业生产形式主要包括：在生产要素高度灵活配置条件下大规模生产高度个性化产品，顾客与业务伙伴对业务过程和价值创造过程广泛参与，以及生产和高质量服务的集成等。物联网、服务网以及数据网将取代传统封闭性的制造系统成为未来工业的基础。

乡愁何所寄

Where to Depot the Nostalgia

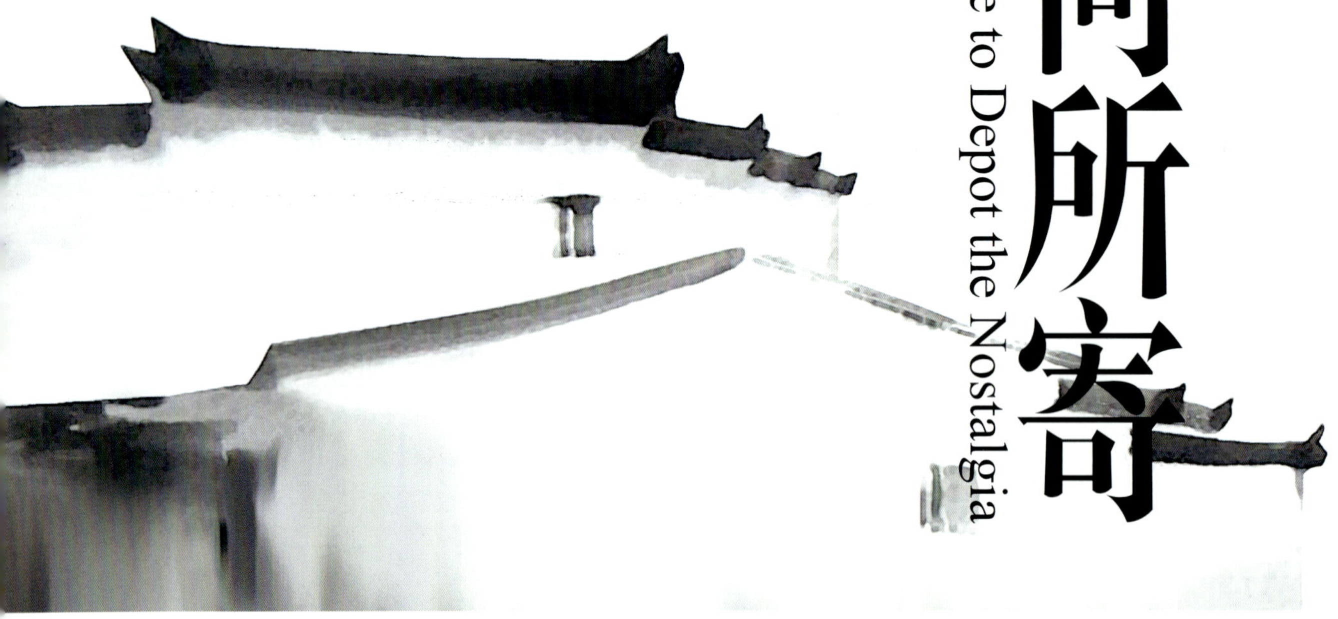

江苏美丽乡村规划建设纪实【网络展】

江苏省住房和城乡建设厅
省村庄环境整治推进工作领导小组
省乡村规划建设研究会